朱書きでわかる！2歳児の指導計画ハンドブック

CONTENTS

指導計画を、実践につなげるためのチェックポイント	2
乳児保育の基本を押さえよう	5
0・1・2歳児の発達を見通そう	6
指導計画立案にあたってのまとめ	10

年の計画
- 年の計画の立て方 … 12
- 表 … 14

月の計画
- 月の計画の立て方 … 18
- 4月 … 20
- 5月 … 22
- 6月 … 24
- 7月 … 26
- 8月 … 28
- 9月 … 30
- 10月 … 32
- 11月 … 34
- 12月 … 36
- 1月 … 38
- 2月 … 40
- 3月 … 42
- 3歳児以上への移行について … 44
- 参考 別様式例 … 46

一日の保育の流れ
- 一日の保育の流れの考え方 … 48
- 春夏 … 50
- 秋冬 … 54
- 日誌 … 58
- 週の個別記録 … 60
- 離乳食献立表 … 62

飯田和也の
指導計画を、実践につなげるための チェックポイント
養護に包まれた教育のために

ねらい 発達の方向性として、卒園までに豊かな心情・意欲・態度を身につけることを目ざそう

発達の連続性を踏まえたうえで、子どもの心情・意欲・態度を大切にした保育実践ができるようなねらいを立案することが重要です。そのとき、子どもを主語にしてねらいを立案することで、子どもに寄り添った保育実践へとつながっていくのです。以下のような文章を書くことで、子どもの発達を見つめた支援につながります。

立案時はこう書こう / 発達支援になる実践

○○楽しむ ▶ そばにいるだけ・聴いているだけ・見ているだけでよいなど子どもの眼や耳になった援助です。

○○味わう ▶ 触るだけ・舌をちょっとつけるだけ・目を閉じて触るだけでよいなど子どもの手や足、そして口・鼻になると味わうことが理解できます。

○○広める ▶ 友達関係を一人から二人へ、見ているだけから少し触ったり、ちょっと話したり、経験を広げていくところを見つけることが大切です。

○○深める ▶ 広がったことからさらにじっくりかかわったり、強く感じたり、ただ見ただけからさらに見ようとしたり、調べようとしたり、じょうずになろうとする場を見つけましょう。

○○しようとする ▶ もっと○○したい、さらに知りたいといった意欲を持っている場を大事にすることになります。このような能力を見つけて生きる力に結びつくということを理解するためにも取り入れたいですね。

内容 子どもが積極的にさまざまな経験をできるように立案しよう

意識して五領域の観点がさまざまに含まれた経験をできるように、立案しましょう。そうすることで、自分の得手不得手に影響されて偏りがちな保育が変わり、実践の幅が広がっていきます。

立案時はこう書こう
- ○○知る
- ○○参加する
- ○○世話する
- ○○いっしょに見る
- ○○して遊ぶ

実践の際に気をつけたいこと
何か新たに子どもが知ることのできるような経験、園で飼育している動物の世話をする経験、子ども同士のかかわりを深めていけるような、いっしょに絵本を読んだり、遊んだりする経験など、子どもがさまざまな経験をできるようにしましょう。

環境づくり・援助 温かい愛のある雰囲気をつくり、保育者も人的環境としてかかわろう

子どもひとりひとりを認め、受容することが大切です。子どもがその場にいたくなる雰囲気をつくるようにしましょう。主体的な活動に結びついていけるような環境構成だといえます。

立案時はこう書こう
- 笑顔で○○する
- 優しく△△する
- ぬくもりを与える
- わかる言葉をかける
- 言葉に言い表すことができない悲しみ、悔しさ、苦しさを代弁する

ことばがけ・実践例
- みつけられたね
- ○○大好きだよ
- ○□□かわいいね
- いつも△△ありがとう
- 先生幸せ
- 先生もうれしい
- ××できなくて悔しいね
- 手をつなぐ
- 肩に手をそっと置く
- ぎゅっと抱き締める
- ときどき失敗してみせる

→ 共感をすることで受け入れられ、認められていると感じることで情緒の安定ができるようになります。

次のページのまとめも見てみましょう。

日本の保育を変える三か条

前ページからの続きです

指導計画を実践につなげるためのチェックポイントのまとめ

⭐ 1 認定こども園・保育園の教育は教え込むものでなく、「ねらい」にある園修了までに生きる力の基礎となる心情・意欲・態度を身につけさせること

この「ねらい」は今日じょうずにできなくていい、ということです（しかし、小学校は今日じょうずにできるようにする到達目標です）。乳幼児の言葉に言い表すことができない心情を大切にする乳幼児保育をすることで人や物を大事にする生き方となります。

⭐ 2 養護に包まれて教育があることを正しく理解すること

朝、登園してきたそのままの姿で帰るとき保護者に渡すのが保育です。地震のあとの津波で何日も家に帰れないときに命を守り、情緒の安定、生理的欲求、保健衛生的環境を大人がする養護です。発達を身につける教育の五つの領域の内の『健康』と明らかに違うことを理解することです。

⭐ 3 生きる力を身につけるには「温かい愛の雰囲気」を与えること

保育の環境で物的環境と人的環境だけでなく愛されている・認められている・受け入れられていると感じる愛のある雰囲気で、困難を対処する力と主体性を身につける教育が望まれます。

乳児保育の基本を押さえよう

　3歳未満児の保育を希望する保護者の抱える問題は多種多様です。中には産休明けから入所できる保育所を捜す保護者もおり、「乳児保育」に希望を持っています。

　「保育に欠ける」という実態があるのなら、乳児の生活を見守り、成長・発達を援助する必要があるでしょう。

●自分の生活を生き生きと

　心身の発達の基礎をつくる3歳ごろまでに受けた保育の影響、保護者・保育者の言動は大きな影響を与えます。すべてをありのままに受容され、個人差や個性が尊重され、あたたかく世話された子どもは保育者を信頼し、安定感や充足感を味わって自分の生活に没頭し、生き生きと遊ぶことでしょう。

　保護者と保育者との間に信頼関係を築くことは何よりも大切で、全職員が同じ保育目標を共有し、それらを目ざして協力していることを理解してもらうことから始めなければなりません。入所が決定した時点で、保育所の生活について具体的に保護者と話し合い、信頼関係を築くことがすべての初めだといえます。

●安全に清潔に

　日々の保育の場で、子どもの健康と安全を守ることは「保育」そのものであり、保育の基本だといえます。日常の保育活動は即保健活動だとし、保育がひとりひとりの子どもの条件に応じたかかわりであると同様に、保健活動も行なうべきです。それには乳児の心と体のことを理解する力を持ちたいものです。

●環境とふれあうことの大切さ

　成長発達の著しいこの時期の子どもにとって環境とのふれあいが大切であることはいうまでもありません。保育者からの働きかけが必要です。喃語にほほ笑みながら同じように発語で答えたり、唱え歌での遊びを1対1で行なったりしてみましょう。5か月ごろにもなると喃語と違ったうれしさを表す声を出したり、声の表情が豊かになってきます。

　子どもの行為に応答することで、子どもの活発な活動や知的意欲やその発達が導き出されます。応答性の高い玩具を用意して触れさせることもしてみましょう。

　集団の中で長時間を過ごすため、休息の場が用意されていて、くつろげるように配慮したいものです。

　とはいえ、保育者自身が子どもたちにとっていちばん身近な環境であることを自覚して保育に取り組みましょう。

（塩野 マリ）

指導計画を書く前に
0・1・2歳児の発達を見通そう

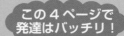
この4ページで発達はバッチリ！

6か月未満児の発達の主な特徴

- 母体内から外界への環境の激変に適応し、その後、著しい発達がみられる。
- 月齢が低いほど、体重や身長の増加が大きく、しだいに皮下脂肪も増大し、体つきは円みを帯びてくる。
- (A) 視覚・聴覚などの感覚機能の発達はめざましく、自分を取り巻く世界を認知し始める。
- (B) 感覚器官を含め、すべての身体発育や行動の発達は子どもが生来持っている機能の発達によることが大きいが、こうした生得的、生理的な諸機能の発達もその子どもの生活環境、特に周りの大人との温かい関係と、豊かで相互応答的な刺激のある環境の中で順調に促進される。
- 身体発育や行動の発達は、まさしく子どもの身近な環境との相互作用の結果であり、この時期が出発点である。
- 発達の可能性に満ちているが大人の援助なしでは欲求を満たされることはない。
- (C) 笑う、泣くという表情の変化や体の動きなどで自分の欲求を表現する力を持つ。
- (C) 表情の変化や体の動きなどの表現により子どもが示すさまざまな欲求に応え、身近にいる特定の保育者が適切、かつ積極的に働きかけるなど、保育者と子どものあいだに情緒的な絆が形成される。これは対人関係の第一歩であり、自分を受け入れ、人を愛し、信頼する力へと発展していく。
- 生後4か月までに首がすわる。
- 5か月ぐらいから目の前にあるものをつかもうとしたり、手を口にもっていったり、手足の動きが活発になる。
- (C) 生理的な快・不快の表出は感情を訴えるような泣き方をしたり、大人の顔を見つめ、笑いかけ、「アー」「ウー」などと声を出すなど、しだいに社会的、心理的な表出へと変化する。
- (C) 身近な人の声を覚えたり、また音のする方向に首を向けたり、近づいてくる物を見たり、ゆっくり動く物を目で追うようになる。
- 生後4か月を過ぎると、腕、手首、足は自分の意思で動かせるようになる。
- (D) 腹ばい、寝返りにより、全身の動きを楽しむようになる。
- (D) 眠っているときと目覚めているときとがはっきり分かれ、目覚めているときには音のする方向に向き、見つめる、追視する、喃語を発するなどの行動が活発になる。
- 6か月を過ぎると身近な人の顔がわかり、あやしてもらうと喜ぶようになる。
- (D) 視野の中にある新しい刺激、変化に富む刺激、より複雑な刺激をしだいに求める積極性や選択性は初期から認められる。

かかわり方のヒントA
大きさ・形・色・音質・材質など、発達の状態に合った「おもちゃ」を用意し、遊ばせながら感覚の発達の援助をする。

かかわり方のヒントB
身動きも自由でないので体位や姿勢に合った遊びを楽しむ。優しくあやしてくれる保育者に親しみ、声を覚え、動きを目で追う。

かかわり方のヒントC
笑う、泣く、体を動かす、表情に出すなどで表現している欲求に応答する保育者自身が環境の一部であることを心得たい。

かかわり方のヒントD
言葉を獲得するための必須条件である、聞こえの働きを、音や声に反応するようすから把握する。

乳児保育を展開するにあたっては、幼児期とは違った乳児期の子どもの発達をとらえておく必要があります。ただし、個人差も大きいため、これがすべて当てはまるわけではありません。しかし基礎的なことを知っておかないと子どもに無責任にかかわってしまうことにもなりかねません。ここでは発達の主な特徴が詳しく述べられていた 2000（平成12年）施行の『保育所保育指針』から学んでいきましょう。

6か月から1歳3か月未満児の発達の主な特徴

- 6か月頃より母体から得た免疫はしだいに弱まり、感染症にかかりやすくなる。
- この時期の座る、はう、立つといった運動や姿勢の発達は子どもの遊びや生活を変化させ、生活空間を大きく変え、直立歩行へと発展し、さらに手の運動なども発達して、次第に手を用いるようになる。
- (A) 離乳食から幼児食へと変化することによって乳児期から幼児期へ移行する。
- 生理的未熟であり、豊かで変化に富んだ応答的環境の中で生活することによって、人間として生来持っている能力を社会的な環境に適応させながらうまく発現していく必要があることから、この時期は極めて大切である。
- 7か月頃からひとりで座るようになる。姿勢を保つための手の力がいらなくなり、座った姿勢で両手が自由に使えるようになる。
- (B) この時期、人見知りが激しくなる一方、見慣れた人にはその身振りをまねて「ニギニギ」「ハイハイ」などをして、積極的にかかわりを持とうとする。この気持ちを大切に受け入れることが情緒の安定にとって重要である。
- 大人との関係の中で喃語は変化に富み、盛んになる。
- 9か月頃までには、はうことや両手に物を持って打ちつけたり、たたき合わせたりができるようになる。
- (C) 身近な大人との強い信頼関係に基づく情緒の安定を基盤に、探索活動が活発になってくる。
- (B) 情緒の表現、特に表情もはっきりしてきて、身近な人や欲しいものに興味を示し、自分から近づいていこうとする。
- (D) 限られたいくつかの場面では簡単な言葉が理解できるようになり、自分の意思や欲求を身振りなどで伝えようとするようになる。
- (C) 1歳前後にはつかまり立ち、伝い歩きができるようになり、外への関心が深まり、手押し車を押したりすることを好むようになる。
- 喃語も会話らしい抑揚がつくようになり、しだいにいくつかの身近な単語で話す。

※ P.6-7では、必ず全体を読むことで、発達に対する考え方を整理しましょう。

かかわり方のヒントA
離乳が進められているとき、さまざまな食品に慣れることを急がず、健康状態や食欲に応じて自分から食べようとする意欲や行動を援助する。

かかわり方のヒントB
人見知りが激しくなるが、情緒的な絆が形成されている保育者を基地に、身近な人に興味を持ち、自分から近づくようになる。

かかわり方のヒントC
探索活動を楽しむために、安全で活動しやすい場と十分な時間を準備する。禁止事項はどの大人も同様に「ダメ」と繰り返し働きかける。

かかわり方のヒントD
優しく語りかけ、喃語や片言、身振りや指さしでの訴えを受け止め、言葉のやりとりを楽しむ機会を見逃さない。

1歳3か月から2歳未満児の発達の主な特徴

- 1歳3か月から2歳までの子どもは歩き始め、手を使い、言葉を話すようになる。
- 身体発育より運動機能の発達が目ざましく、体つきは次第にやせぎみになっていく印象を受ける。
- 感染症にかかることが多い。それはこの時期の病気の大半を占めるといってよい。
- 不安定ながらつかまらずに歩けるようになり、押したり、投げたりなどの運動機能が増す。
- ⓐ 生活空間が広がり、これまで培われた安心のできる関係を基盤として目の前に開かれた未知の世界の探索行動に心をそそられ、身近な人や身の回りにある物に自発的に働きかけていく。
- ⓐ 自発的な探索行動の過程で生きるのに必要な数多くの行動を身につけていく。例・身近な人の興味ある行動の模倣をして活動の中に取り入れるようになる。
- ⓑ ぎこちなく見えるが、つまむ、めくる、通す、はずす、なぐりがきをする、転がす、スプーンを使う、コップを持つなどの運動の種類が確実に豊かになってくる。新しい行動の獲得によって子どもは自信を持ち、自発性を高めていく。
- 大人の言うことがわかるようになり、呼びかけたり拒否を表す片言を盛んに使うようになり、言葉で言い表せないことは指さし、身振りなどで示そうとする。
- 自分の思いを親しい大人に伝えたい欲求がしだいに高まってくる。1歳後半には「マンマ、ホチイ」などの2語文も話すようになる。
- この時期にはボールのやりとりのような、物を仲立ちとした触れ合いや、物の取り合いも激しくなり、また、ある物をほかの物で見立てるなど、その後の社会性や言葉の発達にとって欠かせない対人関係が深まり、象徴機能が発達してくる。
- ⓐ 外界への働きかけは身近な人だけではなく、物へも広がり、大人にとってはいたずらが激しくなったと感じられることも多くなる。
- ⓒ 保育者との豊かな交流は友達といっしょにいることの喜びへとつながり、情緒の面でも子どもに対する愛情と大人に対する愛情とに違いが出てくる。嫉妬心など、分化が行われる。
- ⓐ この時期は、保育者に受け入れられることにより、自発性、探索意欲が高まるが、まだまだ大人の世話を必要とする自立への過程の時期である。

かかわり方のヒント Ⓐ

身の回りの物へ自由に自発的に働きかけ、遊びながら外界への好奇心や関心を持つ。何かしようとしているときは温かく見守り、遊びを中断させない。

かかわり方のヒント Ⓑ

食欲や食事の好みに偏りが現れる時期だが無理強いせず、個別に対応する。個人差を大切にし、生活習慣の自立を急がない。

かかわり方のヒント Ⓒ

保育者といっしょにいることが楽しめる。手遊び・歌遊び・絵本などは新しい経験を次々に取り入れるよりも、好きな手遊び・歌遊び・絵本を友達といっしょに繰り返し楽しんで、なじんだもので満足できる。

「0・1・2歳児の発達を見通そう」

2歳児の発達の主な特徴

- 身体発達はゆるやかになり、一方、1歳の時期に基礎のできた歩行の機能は一段と進み、走る、跳ぶなどの基本的な運動機能が伸びる。
- 指先の動きも急速に進歩する。
- 発声、構音機能も急速に発達して発声はより明瞭になり、語彙も増す。
- Ⓐ 日常生活に必要な言葉もわかるようになり、自分のしてほしいこと、したいことを言葉で表出できるようになる。
- Ⓑ 身体・言葉などの発達を背景に行動はより自由になり、その範囲は広がり、ほかの子どもとのかかわりを少しずつ求めるようになる。
- 感染症に対する抵抗力はしだいについてくるが感染症は疾病の中では最も多い。
- 生活の中での新たな体験は子どもの関心や探索意欲を高め、そこで得られた喜びや感動や発見を自分に共感してくれる保育者や友達に不十分ながらも一心に伝えようとし、いっしょに体験したいと望むようになる。
- 探索意欲の高まりにともなう子どもの欲求を満たすことによって、諸能力も高まり、自分自身が好ましく思え、自信を持つことができるようになる。
- Ⓐ 大人の手を借りずに何でも意欲的にやろうとする。しかし現実にはすべてが自分の思い通りに受け入れられるわけではなく、また自分でできるわけでもないのでしばしば大人や友達とのあいだで自分の欲求が妨げられることを経験する。
- Ⓐ Ⓒ 欲求が妨げられる状況にうまく対処する力を持っていないので、時にはかんしゃくを起こしたり、反抗したり、自己主張する。
- 子どもは周りの人の行動に興味を示し、盛んに模倣するが、さらにその子どもなりに物事の間の共通性を見いだしたり、概念化することもできるようになる。
- Ⓓ 象徴機能や観察力も増し、保育者といっしょに簡単なごっこ遊びができるようになる。
- 体を自由に思うように動かすことができるようになり、身体運動のコントロールもうまくなるので、リズミカルな運動や音楽に合わせて体を動かすことを好むようになる。

※ P.8-9では、必ず全体を読むことで、発達に対する考え方を整理しましょう。

かかわり方のヒント Ⓐ
「自分で」と言うが思うようにいかなかったり、「人がしてしまった」とかんしゃく、反抗、自己主張をする。「ひとりで」と主張するが「できない」と、甘えるようすも見せる。

かかわり方のヒント Ⓑ
衝動的な動作が見られる。ふだんの遊びの傾向を把握し、傍観でなく見守る。

かかわり方のヒント Ⓒ
友達とのぶつかり合いが多くなる。してほしいこと、したいことを言葉で伝える経験の良い機会として援助する。

かかわり方のヒント Ⓓ
ごっこ遊びの中の子どもの言動に心を配り、内面の動きを探らず材料を提供したり、ルールの伝達や方法の指示で終わらせないように留意する。

指導計画立案にあたってのまとめ

2歳児 年 の指導計画
●必ず保育課程を参考にします。
認定子ども園では全体的な計画

年のねらい	❶											
月	4	5	6	7	8	9	10	11	12	1	2	3
ねらい		❷										
内容 養護		❸										
内容 五領域の視点		❹										
その他 行事	❺											

❶ 年のねらい
- 2歳児の生命を守り、保健的衛生であり、情緒の安定を図るための立案をします。
- 各保育所(園)の目標を具体化したものを考えます。

❷ ねらい
- 養護の目標を2歳児の発達段階にふさわしく具体化したもので、「….を図る」・「…する」といった保育者の側からの養護の「ねらい」を記入します。
- また、教育の五つの目標を2歳児の発達段階にふさわしく具体化したもので、卒園までに子どもが身につけることが望まれる心情・意欲・態度などを、子どもの側からの表現として、「…楽しむ」・「…味わう」・「…する」といった言葉で記入します。

❸ 内容(養護)
- 子どもの状況に応じて保育者が適切に行なうべき養護としてひとりひとりを大切にするために立案します。

❹ 内容(五領域の視点)
- 3歳未満児の場合、特に内容を分けるのは困難ですが、3歳(近く)になっている子どもたちのために、子どもの自発的、主体的な活動に対して子どもの発達の側面から保育者が援助する事項として立案します。

❺ 行事その他
- 行事は「ねらい」「内容」のための立案としたいものです。「~を味わう」「~を楽しむ」「~を深める」ための行事として考えましょう。子どもに負担となるような行事は避けたいものです。

月による違いも出す
- 4~3月まで、まったく同じ「ねらい」「内容」ではないはずです。年のねらいをもとにして、発達や季節を考慮して立案しましょう。それぞれの地域に合った実情も考え合わせます。

●基本を押さえておきましょう

ねらい 子どもが経験していることをとらえ、子どもの中に育ちつつあるものや、育てたいことを「ねらい」とします。

内容 「ねらい」を身につけるためにどのような経験を積み重ねていくことが必要か考え、具体的に立案します。

環境構成・配慮事項 子どもが環境に主体的にかかわりながら「ねらい」や「内容」を身につけていくための適切な環境構成や、保育者のかかわりについて記入します。

立案にあたって基本的に注意すべきことをまとめています。自分自身の立案に役立てましょう。

2歳児 月 の指導計画

●年の指導計画をもとに考えていきます。

クラス全体としての立案	ねらい ①		家庭との連携 ⑦		行事 ⑦	
	内　容	環境構成	予想される子どもの活動	援助活動・配慮事項		
	②	❸	❹	❺		
	評価・反省 ❻					
	氏　名	姿	内　容	配慮・援助	評価・反省	個別の立案
個人別月間計画	Aちゃん	❽				

❶ ねらい

- 2歳児では、1歳児のときよりは、教育の面からの「ねらい」を充実させるよう工夫します。
- 4月～3月の立案に偏りがないよう注意したいものです。また、発達の視点からも幅広い「ねらい」があります。年度途中で3歳になる子どももいるわけですから、発達の視点をそこでひとりひとりに合わせていくべきです。
- 時々、保育計画をもとにしているかをチェックする必要があります。また、複数の保育者が、保育計画と年の指導計画を利用しているかを話し合う場が必要です。

❷ 内容

- 養護と教育のねらいを大切にするため、2歳児のクラス全員を愛する月の指導計画になっていますか？　できるだけ、できない子だけを大切にした月の指導計画にならないようにしたいものです。

❸ 環境構成

- 「ねらい」と「内容」にふさわしい環境構成を立案します。何を用意して子どもの活動に働きかけたいのか、室内であっても室外遊びであっても、2歳児の目・耳・手・足になって立案し記入したいものです。

❹ 予想される子どもの活動

- 環境とどのようにかかわるかを予想します。幅広い援助に結びつくような記入を心がけましょう。

❺ 援助活動・配慮事項

- 2歳児の自発的主体的な活動ができるように、できるだけ具体的に記入したいものです。見守る・共感・励ます・助言などを工夫します。
- Aちゃんにかかわることだけでなく、園全体の生活の仕方なども関係するので、職員間で十分にかかわり方を協議しておきます。保育者だけでなく調理・用務などの担当者も含めてのチームワークを。

❻ 評価・反省

- 具体的にどのような保育をしたかを記入します。次の保育への引き継ぎが具体的にわかるようにしましょう。
- 前月の「評価・反省」に記されていることが、当月の「援助活動・配慮事項」で取り上げられ、自立への助けになるとよいでしょう。
- できるだけ根拠が明確な評価が大切です。

❼ 家庭との連携及び行事

- 2歳児の場合、雰囲気を楽しむだけでなく参加して楽しめる行事も増えるでしょう。参加のしかたを工夫して立案したいものです。
- できるだけ保護者とコミュニケーションを取るようにして、お互いの信頼関係を深めるためにどうするかを考えながら記入したいものです。

❽ 個人別月間計画

- ひとりひとりの発達を押さえた立案にしましょう。クラス全員について立案します。
- また具体的に記入することによって、次にAちゃんを担当する保育者の参考になります。

年の計画の立て方

●年の指導計画を立案するにあたって

　『保育所保育指針』の解説書では、「子どもが現在を最も良く生き、望ましい未来をつくり出す力の基礎を培う」ことと、「入所する子どもの保護者に対し、その援助に当たる」ことを保育の目標としています。

　各保育所では、それぞれの保育の方針や目標に基づき、子どもの発達過程を踏まえ、ねらい及び内容が保育所生活の全体を通して、総合的に展開されるようにした『保育課程』があるはずです。認定こども園は『全体的な計画』ということになります。

　各保育所の『保育課程』に基づき具体的な「指導計画」が立案されるのです。保育課程では、各保育所の保育理念、保育目標、保育方針等について共通理解を図り、発達過程を見通したうえでそれぞれの時期にふさわしい具体的なねらいと内容を編成します。そのときには、各保育所の子どもの実態や家庭・地域の実態及び保護者の意向も把握しておかなければなりません。「指導計画」を作成し、保育を進めるうえで不都合がなければ、『保育課程』は毎年作成する性質のものではありません。

●年の指導計画を

　「指導計画」は対象の子どもの実態を把握し、その子どもに即応した具体的なものでなければなりません。各々の保育所で保育環境、保育形態を異にしていること、対象の子どもひとりひとりの違い、保育者の能力の違いなどを考えると、ほかの保育者が立案した指導計画がりっぱにできているからと、借りたり模倣したりして、保育を実践しても間に合うものではありません。

●立案の際に注意したいこと

　注意事項として、次のような点があります。
- ●目の前にいる子どもを対象に直接に保育を担当する保育者によって作成されている。
- ●個々の子どもの生育歴、保育年数、家族構成、心身の発育発達の状態、既往症、生活習慣の自立の状態などの実態を把握する。
- ●目の前の子どものクラスを対象として作成する。
- ●クラスの人数、男女の比、長子・ひとりっ子など個々の子どもの把握が必要とされる。
- ●保育をする場の状況を踏まえて作成する。
- ●保育所の規模と施設設備、施設環境の実態、産休明けの保育を始めることになったなど、所(園)としての状況を考え合わせる。
- ●保育者の条件を生かして作成する。
- ●保育者の能力、技量、勤務時間その他の条件を生かす。
- ●具体的に活動や遊びが、どのように展開するか、その道筋と留意事項を明確に示す計画を作成する。
- ●個々の実態をあらゆる面から十分把握してその年度の指導計画を作成する。

　年の指導計画は保育所の生活の流れの中で見通しを持った「ねらい」を設定し、「ねらい」

年の計画

を達成するために、どんな環境を構成したら子どもがその時期にふさわしい生活が展開できるか、子どもが意欲的に自発的に環境にかかわり生き生きとした楽しい活動をするため保育者のどのような援助が必要か(「内容」)を、1年間をひとつの期間として編成します。

●配慮すべき事がら

年間(期)指導計画は、1年間の生活を見通した最も長期の計画であり、子どもの発達や生活の節目に配慮し、1年間をいくつかの期に区分した、それぞれの時期にふさわしい保育の内容を計画します。

また、家庭との連携や行事等、また地域との連携などに配慮することが求められます。

また、年の指導計画は1年間を見通して作られる計画ですが、成長や季節への配慮からこの1年を季節や期によって区分したりもします。未満児の場合は、発達の著しい時期なので、発達の節目を目安に期間を区分し、1年の生活の流れを考え計画を立てることもできます。

そのとき注意すべきことは、0歳・1歳・2歳と1年ごとに発達の区分がでないことです。『保育所保育指針』でも、6か月未満児・6か月から1歳3か月未満児・1歳3か月から2歳未満児・2歳児という分け方をしています。したがって0歳児クラスでも、4月時点で5か月の子どもは、1年間で、6か月未満児→6か月から1歳3か月未満児→1歳3か月から2歳未満児という3つの発達の段階を経ていくことになるのです。そこでは指針の「ねらい」・「内容」も違ってきます。そこに配慮しなくてはなりません。

3歳未満児の場合は指針第4章1(3)アに、指導計画作成上、留意すべきことが記されています。3歳未満児の指導計画は、「一人一人の子どもの生育歴、心身の発達、活動の実態等に即して、個別的な計画を作成すること」とあります。

誕生から約1年間は生涯のうち、これほど早く発達のようすを見せるときはありません。歩行、手による物の操作、ことばの獲得などにめざましいものがあります。

個々の子どもの発達の姿に焦点を当て、個人別の指導計画を作ることから始めると作成しやすいようです。発達のようすを年齢別の特徴としてだけで見ていては、目の前の自分のクラスの子どもは見えてきません。

子どもの実態を的確に把握することから、指導計画作成が始まるのです。

※朱書きは、解説についてはゴシック系、不足していると思われることなどについては明朝系と、書体を分けて入れています

このような文章で大人の働きとしての養護活動が明確になります。

	年のねらい	○楽しんで食事や間食をとったり、昼寝など適切に休息の機会をつくり、情緒の安定を図る。 ○保健的で安全な環境をつくり、個々の子どもの欲求を十分満たし、快適に生活できるようにする。 ○自分でしようとする気持ちを大切にしながら、生活に必要な身の回りのことができる喜びを味わう。 ○保育者や友達とのかかわりの中で、人や動物などの模倣をしたり、言葉のやりとりを楽しむ。 ○ゆったりした時間の流れの中で、全身や手や指を使う遊びを十分楽しむ。		
月		4月	5月	6月
内容	ねらい	○保健的で安全な環境の中で安定した生活を送る。 ○新しい環境や保育者に慣れ、生活の仕方を知る。 ○個々の子どもの欲求を満たし、保育者や友達と好きな遊びを十分楽しむ。 ○保育者に見守られる中で食事をする。 ○食事・間食の前、排せつの後の手洗いを保育者といっしょにする。	を楽しむ ○連休明けの不安な気持ちを受け止める。 ○戸外の固定遊具や砂場で遊ぶ。	○梅雨期の保健衛生に注意し、快適に過ごせるようにする。 ○手や指を使う遊具・玩具・造形遊びなど室内での遊びを楽しむ。
	養護	○個々の子どもの状態を十分把握し、異常を見逃さないようにし、適切に対応する。 ○子どもの気持ちを十分受け入れ、安定して生活ができるように気づかい、新しい環境に慣れるようにする。 ○危険なものは取り除き、安全を確認し、快適に生活できるよう配慮する。 ○保育者がそばにいることで、気持ちを安定させたり、スキンシップをしたり、優しい言葉をかけるようにする。 ○登園の際、泣いたり、ぐずったりする子どもの気持ちを理解する。		
	五領域の視点	○保育者との信頼関係の中で食事、排せつ、睡眠などが安心してできるようにする。 ○新しい環境に慣れ、保育者や友達の名前を知り、自分のものがわかるようになる。 ○砂・水・粘土やそのほかの自然物を使って遊ぶ。 ○生活の中であいさつの言葉を言ったり、したいこと、してほしいことを言葉で言う。 ○保育者といっしょに歌をうたったり、簡単な手遊びをしたり、体を動かしたりして楽しく遊ぶ。 名前を呼ばれたら返事をする。		
その他	行事	○入園式 ○避難訓練 ○誕生日を祝う ○寄生虫、ぎょう虫検査	○健康診断（内科、歯科） ○身体測定 ○避難訓練 ○誕生日を祝う	○保育参観 ○避難訓練 ○誕生日を祝う

教育の目標を具体化した言葉の記入例です。

指導計画表

○夏期の保健衛生に留意し、暑いときを健康に過ごせるようにする。

7月	8月	9月
○保育者の援助を受けながら、身の回りのことを自分でしようとする。 ○水や土の感触を味わいながら、夏の遊びを十分楽しむ。 ○身の回りのものや、小動物、植物などを見たり、触れたりして興味・関心を広げる。 ○昼寝・休息のときを十分にとり、ゆったりと過ごせる。 ○楽しんで食事・おやつをとり、水分を十分にとる。 ○生活に必要な言葉がある程度わかり（してほしいこと、したいことを）自分の言い方で表す。 ○水遊び、プール遊びの時期の健康管理を十分にする。		○夏の疲れや健康に留意し、快適に過ごせるようにする。 ○運動遊びやリズム遊びを通して全身を動かして遊ぶことを楽しむ。
帽子の着用 ○採光、通風、室温などに配慮し、気持ち良く過ごせるようにする。 ○衣服の調節や着替えなどが嫌がらずにできるようなことばがけや手助けをする。 ○なかなか眠れない子には添い寝をし、安心して眠れるようにしてあげる。 ○ひとりひとりの甘えや要求を受け入れ、生活のリズムを取りもどしていけるように接する。　整えるようにする。 ○涼しい環境をつくったり、水分の補給や十分な休息をとらせたりする。 ○個々の健康状態を把握し、適切に対応する。 ○パラソルなどで日陰を作って、涼しいところで遊べるようにする。		
○水遊びや砂・土を使って体を十分動かして遊ぶ。 ○保育者の援助を受けながら排せつや手洗い、汗拭き、着替えなどをする。 ○自分の欲しいものが思うように手に入らず、けんかしたり、泣いたり、怒ったりする。 ○身近な草花や小動物を見たり、触れたりしたり、水や砂、泥などの感触を楽しむ。 ○してほしいこと、したいことを言葉で言ったり、模倣遊びや音楽に合わせて体を動かして遊ぶ。		
○七夕　　○避難訓練 ○プール遊び ○身体測定 ○誕生日を祝う	○プール遊び ○夏祭り ○避難訓練 ○誕生日を祝う	○尿検査 ○身体測定 ○避難訓練 ○誕生日を祝う

※朱書きは、解説についてはゴシック系、不足していると思われることなどについては明朝系、書体を分けて入れています

	年のねらい			
	月	10月	11月	12月
	ねらい	○安心できる保育者との関係のもとで、簡単な身の回りのことを自分でしようとする。 ○保育者を仲立ちとして、いろいろな行事や遊びを通して人とかかわり合う楽しさを味わう。 ○生活や遊びの中で言葉のやりとりを楽しむ。 ○保育者といっしょに全身や手足を使う遊びを楽しむ。 ○興味のあること、経験したことをいろいろな方法で表現する。	○絵本・童話・CDなどの話の内容のおもしろさがわかり、楽しむ。 ○身近な動植物や自然事象に親しみ、遊びに取り入れて楽しむ。	○うれしいこと、楽しいことを歌ったり、踊ったりして自由に表現する。
内容	養護	○個々の健康状態を把握し、気温や活動に応じて衣服の調節を促すようにする。 ○個々の子どもの気持ちを受け止め、安心して自分の気持ちを表すことができるようにする。 ○トラブルが起きたときは、個々の気持ちを十分理解して気持ちの和む対応を工夫する。 ○遊具の点検をしたり、危険箇所などを把握し、適切に対応する。 ○ストーブに十分注意して安全に過ごせるようにする。 ○室内の換気をしたり、遊ぶ場の広がりの確保をする。 ○戸外遊びや散歩などで体を動かした後、水分を十分にとるようにする。		
	五領域の視点	○顔や手足が汚れたら気持ちが悪くなり、手伝ってもらったり、ひとりで洗ったりする。 ○集団の生活に必要な簡単な決まりがわかり、待ったり、譲ったりできる。 ○身の回りの自然に触れたり、関心を深めたり、行事に楽しく参加する。　形、色、大・小の区別、動きなどに気づいたり楽しんだりする。 ○好きな絵本や紙芝居を何度も読んでもらい、気に入った場面をまね、動作でつもり遊びをする。 ○CDやピアノで好きなリズムにのって動いたり、全身を使った遊びを楽しむ。 ○行事に楽しく参加する。		
その他	行事	○運動会　○避難訓練 ○遠足 ○健康診断（内科・歯科） ○身体測定　○誕生日を祝う	○焼きイモ ○避難訓練 ○誕生日を祝う	○クリスマス会　○避難訓練 ○もちつき ○誕生日を祝う

2歳児 年の指導計画表

1月	2月	3月

○保育者の援助や励ましを受けて、できることは自分でしようとする。
○身の回りにさまざまな人がいることを知り、保育者を仲立ちとして簡単なごっこ遊びを楽しむ。
○戸外遊びや散歩などを通して、自然への興味、関心を広げる。

○成長を喜び、進級や次の活動への意欲を高める。
○感じたこと、思ったことをいろいろな方法で表現して楽しむ。
○行事に喜んで参加し、楽しさを味わう。

○ゆったりと過ごす中で、自分の気持ちが気楽に出せ、甘えたり、がまんしたりできるようにする。
○気温や活動を考えて、衣服の調節に留意する。
○安全に気をつけ、開放的な遊びができる環境を整える。
○<u>生活の流れがわかり、できることは自分からやろうという気になるよう援助したり、励ましたりする。</u>
○気持ちを安定させ、生活の流れや簡単な決まりを知らせる。
○室内外の危険な所を点検し、安心して遊べるように常に見回る。

発達の視点のような、内容に近い文と言えます。工夫しましょう。

寒さのために手洗いなどがいいかげんにならないように励まし、顔、手足などの汚れや鼻汁を拭いたりして、清潔に保つようにしましょう。

○体を十分動かして、保育者や友達といっしょに戸外遊びを楽しむ。
○友達の名前に興味を持ち、名前を呼び合い、いっしょに遊ぶ。
○坂道やデコボコ道を歩いたり、体のバランスをとって遊んだり、身近な自然に目が向く。
○ごっこ遊びを通して、友達とのおしゃべりを楽しむ。
○歌に合わせて手遊びをしたり、リズムに合わせて体を動かしたりする。
○多くの言葉を獲得し、「なぜ」「どうしたの」などの質問をする。
○異年齢児とふれあう中で、小さい人へのいたわりの気持ちや年長へのあこがれの気持ちを持つ。

○もちい団子作り ○避難訓練 ○誕生日を祝う	○豆まき会　○避難訓練 ○一日入園 ○身体測定 ○誕生日を祝う	○ひな祭り ○避難訓練 ○誕生日を祝う ○修了式

月の計画の立て方

●月の指導計画を立案するにあたって

　指導計画を作成し、指導することとは、子どもの昨日までの姿、今日の姿、予想される明日の姿を踏まえ、具体的なねらいや内容を設定し、必要な活動ができるように環境をつくり出すことが大切です。その環境の中で、何が育っているのか、何を望んでいるのかを続み取り、発達を促すための援助をしなければなりません。しかし常に何かを教え、教えたとおりさせなければならないという思いにとらわれ、援助の仕方、かかわり方を誤ることになることが多いようです。

　材料を提供し、ルールの伝達、方法の指示で終わるのではなく、子どもが安心して探求・挑戦を繰り返し、喜び・満足感・意欲・待つ態度などが身につくよう援助しなければなりません。「指導する」という言葉は、「育てる・培う・養う・配慮する・援助する・促す・育む・対応する」などのすべてを含むものと考えているので「指導計画」と呼びます。「援助」だけではないことも覚えておきましょう。

　保育は「ねらい」や「内容」を直接、子どもに経験させるのではなく、それらを環境の中にひそませ、子ども自身が環境にかかわることでさまざまな活動が展開され、必要な経験が得られるように「指導」することといえます。

　月の指導計画は、担任保育者が自己の保育実践をもとに、前月の最後に週に来月の計画を作成します。何に興味や関心を持ち生活したか、何を身につけたか、どこにつまずきがあるかなど子どもの生活する姿、実態を把握し、季節や行事予定を配慮し、2～3か月先までの保育所全体の流れを考慮して「ねらい」・「内容」を設定し作成することです。

　未満児は成長発達が著しく、月齢差が大きく、また同じ月齢であっても個人差があるので、個別にそれぞれの時期の生活を考え、個別の指導計画を作成し、クラスの指導計画だけでは対応できない面を補います。

　ここで、押さえておきたいのは、保育の目標があり、「保育課程」(「全体的な計画」)を立て、それを基にした年の指導計画があって、それを具体的に考えていくのが月の指導計画であるということです。それを忘れず計画を立てることが大切です。

　ここでより具体的に見ていきましょう。

　入所からの保育日誌や家庭との連絡帳などの諸記録は、新年度の指導計画を作成する際、大切な資料となります。

　継続児は何歳児であっても、前任者の諸記録などから、子どもの実態、家庭環境の実態を、家庭との連携も併せて理解し、協力が得られる事がらなどを把握して、新年度4月の指導計画の作成に取りかかります。前年度3月末に、前担任者によって仮の指導計画が作成され、後任者は新入所児を加えてクラスの人数、男女の比、保育者の諸条件を考慮して4月の指導計画を完成させるのが本来でしょう。

●新入所児の実態を把握して

　3～4月はゴタゴタする時期ですが、落ち着いて新しい子どもたちを迎えなければなりません。そのためには、3月に指導計画が作成され、環境が整えられることが望ましいのです。入所前に新入所児のいろいろな事がらの実態の把握をしておくべきでしょう。0歳児保育を希望する場

月の計画

合は、入所3か月前に保護者と話し合い、家庭、特に母親と保育所、担当保育者とのコミュニケーションが取れるようにします。この関係の良否で0歳児保育のあり方が決まるといえます。

0歳児の健康状態、発育状況、排尿便の状況、使用ミルクの種類、哺乳びんのメーカー、乳首の種類、ミルクの飲み方・飲ませ方、冷凍母乳の希望、24時間の乳児の生活のリズムなどを母親から詳しく細かく聴き取って確かめておくことです。

また、保育所の概要、保育方針・目標、年間保育の計画、年間行事の予定表、保護者の心得、乳児個人が使用する着替えやオムツなど個人用ロッカーに用意してもらう物や枚数、汚れ物の始末について、登園から降園までの一日の保育の流れなどの資料を渡して説明します。3月末には各人のロッカーを用意して、準備した物を搬入してもらうとよいでしょう。所定の実態調査書や母子健康手帳の写し、健康診断書、24時間の生活の記録なども提出してもらい、個別の指導計画作成の資料としましょう。

「ならし保育」についても話し合います。乳児は、環境の変化に微妙に反応します。保育所内生活のリズムに慣れさせるのを急ぐのでなく、場所がかわって、そこでまずひとりひとりの乳児自身の生活のリズムで過ごすのです。何日間と決めるのではなく、子どものようすを見ながら行ないます。母親と保育者の信頼関係を育てるときであって、よく話し合うことが必要です。

離乳食についても調査書を参考に、月齢別個人ごとの離乳食献立表を作成し、1週間ごとに配付するとよいでしょう。保健師、看護師の配置のある場合、保育者も保健衛生、小児病理学、生理学などの最小限の知識を持ち、離乳食の作り方、進め方、栄養や調理について知らなければなりません。その知識は、配慮事項の内容を、より個々の子どもに添ったものとすることができるでしょう。

●個別の指導計画を

3歳未満児は、個別の指導計画が必要です。1歳後半から2歳児の場合、クラスの計画をグループに分けて作成し、生まれ月、保育歴の違いなどによる差に対応するやり方もあります。

園全体の行事には内容によっては2歳の後半辺りから参加することもありますが、一定時間を静かにして参加するのは無理なことが多いので一考を要します。

例えば誕生会を乳児組だけで祝うのでなく、誕生日の食事やおやつに色を添え、「おたんじょうびおめでとう」と、喜びをいろいろな形で表現して、楽しい雰囲気を味わうこともできるでしょう。連絡帳に記したり、直接保護者に「おめでとう」を伝え、成長の喜びを味わい、子育ての楽しさを共感し合うことも考えられます。

避難訓練は乳児であっても必要な経験です。子どもに恐怖感を与えず、しかも非常ベルの音に特別の意味があることを知らせます。避難用のスベリ台を乳児をおんぶし、両手に抱いて降りてみる必要もあるでしょう。

遊びの場と時間とおもちゃや絵本などの計画、生活習慣の自立や健康な体作りの計画作成のとき、季節との関係を考慮する必要があります。目の前の子どもたちの計画ではありますが、実施した計画は、どれも実施後、反省事項などを記入し検討して、保育の改善の資料とします。

4月 月 の

ねらい	○保健的で安全な環境をつくる。　　　　　　　　2歳児4月の最も大切な立案です。 ○個々の子どもの気持ちを十分受け入れ、スキンシップを図り、笑顔で温かく接する。 ○新しい生活の場や保育者に慣れ、親しみを持つ。　　　　4月の人的環境として大切な例です。 ○保育者に見守られたり、いっしょに遊んだりしながら、自分の気に入った遊びを楽しむ。

内　　容	環 境 構 成
○個々の子どもの健康状態や発育や発達状態などを十分把握し、異常のある場合は適切に対応する。 ○抱いたり、手をつないだり、遊んだりしながら、子どもとの信頼関係をつくり、新しい生活での不安を取り除く。 ○クラスの雰囲気や保育者に徐々に慣れていき、保育者といっしょに安心して、いろいろな遊具に触れて遊ぶ。 ○戸外遊びや散歩に出かけることで、気分転換をしたり、体を十分動かす。 ○知っている曲に合わせて歌ったり、踊ったりする。 このように4月に2歳児の養護と教育を行なうために必要な記入で、参考となります。 新入園児のための内容、予想される活動、配慮事項などが必要です。 進級児のための内容も必要です。	○保育者が笑顔で迎えたり、スキンシップを図ったりして温かい雰囲気をつくる。　ひとりひとりの意欲を出させる ○自分の所持品がわかるように個々のマークをつけておく。　環境の例といえます。 ○気分転換や心の開放が図れるように、戸外遊びや散歩の計画を立てる。　の置く場所、個人用ロッカー ○楽しく食事ができる雰囲気づくりをする（かわいいカーペットを敷く、テーブルクロスをかけるなど）。 ○トイレは明るく清潔にし、子どもの喜びそうな絵をはる。 ○昼寝は保育室を暗くし、眠くなるような雰囲気をつくったり、添い寝したり、そばにいて安心して眠れるようにする。 ○自由に行動できるように室内の空間を広くとる。 ○ままごと、ブロックなどの遊具を遊びやすい場所に設定し、玩具などはいつも清潔にしておく。 ○ひとり遊びも十分できるように、家庭と同じような玩具や絵本など、適当な数だけ用意し、保育者もいっしょに遊ぶ。

評価・反省	○初めての園生活で、不安で泣いてしまう子が多かった。進級児も担任が変わったことで、うまく受け入れられず、戸惑っているようすがうかがえた。抱いたり、おんぶしたりと全面受け入れの姿勢で信頼関係をつくるように心がけた。 ○戸外に出ることでずいぶん気持ちの発散ができ、気分転換になるので、散歩などの安全面を十分考慮し、計画していきたい。 ○排せつや食事面など個人差も大きいので家庭と連絡を密にして個々に合った方法で接したい。

※朱書きは、解説についてはゴシック系、不足していると思われることなどについては明朝系と、書体を分けて入れています

氏　名	姿	内　　容
個人別月間計画 Aちゃん 2歳7か月 生年月日 男児・女児	○気持ちが不安定で、保育者の背中で一日中過ごすことが多い。 ○決まった保育者しか受け入れない。 ○保育者の言うことは、よく理解できるが、不安なので自分から話すことはない。 ○泣いていることが多く、食事もとらない。 ○友達への興味もまったくない。 ○新入園児である。（2歳7月） 記入します。	○その日の健康状態を十分把握し、適切に対応する。 ○スキンシップを取りながら、喜びそうな遊びを保育者といっしょにする。 ○好きな物だけでもひとりで食べようとする気持ちが持てるようにする。 ○保育者といっしょに友達が遊んでいるようすを見るようにする。 4月のねらいにふさわしくひとりひとりを大切にするための立案といえます。

※クラス編成など…1歳児・2歳児混合クラス、1歳＝5名、2歳＝12名、1歳担当保育士1名、2歳担当保育士1名及びフリー保育士1名、パート1名。常時、保育士3名で子ども17名を見ている。2歳の個別記録は6名ずつ（誌面の都合上1名分しか掲載していません）。

指導計画表

家庭との連携	○園での生活のようすを知らせ、心配な点について伝えてもらう。 ○環境が変わり、疲れが出やすくなっているので、家庭でもスキンシップを十分にしてもらうよう依頼する。 進級児は自分が大きくなったように感じたり、顔見知りの先生がいなくて戸惑うことも。	行事	○入園式 ○避難訓練 ○誕生日を祝う ○寄生虫、ぎょう虫検査 母子ともに不安の中にいるので、このようにかかわってあげることが大切です。

予想される子どもの活動

- ○喜んで登園する。新入園児だけでなく、進級児でも登園時に泣いたり、ぐずったりすることも。
- ○母親や保育者といっしょに所持品を自分の置き場所に置く。　○置き場所の目印を見つけて喜ぶ。
- ○母親と離れられず泣く。○保育者のそばから離れない。
- ○おやつ、給食を食べる（喜んで食べる。食べるのを嫌がる。遊びながら食べる）。
- ○保育者に促されトイレに行く（手助けを受けながら排せつをする。オムツ、パンツを替えてもらう。嫌がる）。
- ○昼寝をする（おんぶや抱っこや添い寝などをしてもらう。お昼寝室へ入るのを嫌がる）。
- ○保育者といっしょに遊ぶ。気に入った保育者と安心して過ごす。室内遊びをする（ままごと、ブロック、乗り物、絵本、ボール、ミニカー、テレビを見るなど）。
- ○戸外遊びをする（ブランコ、スベリ台、砂場、三輪車など）。
- ○園外へ散歩する。戸外遊びについても留意点や援助の仕方があります。
- ○リズムに合わせて保育者といっしょに体を動かしたり、歌ったりする。

入園早々で、しかも新入園児もいることから、散歩は園外に行くよりは園内散歩にして環境に慣れさせては？

立案に対して、このようにどう援助したかを明確にすることが、次の保育の出発点となります。

援助活動・配慮事項

- ○ひとりひとりの健康状態を把握したり、個々に合った接し方をする（安全、清潔への配慮もする）。
- ○気持ちを察したり、優しくことばがけしたり、スキンシップしたりして、保育者に親しみが持てるよう接する。
- ○物の始末や身支度などはわかりやすい言葉で個々にかかわり、手助けをする。
- ○ひとりひとりの好き嫌いの把握をしたり、個々のようすを見守りながら、食事が楽しめることばがけや手助けをする。
- ○食事や昼寝の前にトイレへ行くよう促し、いっしょについて行ったり、楽しくおしゃべりしながらオムツを替えたりして、気持ちの良いことを知らせる。
- ○オムツが汚れていないときはほめ、トイレに連れて行き、便器で排せつすることに慣れさせる。
- ○子守歌をうたったり、おんぶや抱っこ、添い寝をし、気持ちを落ち着かせる。
- ○家庭で呼ばれている愛称で呼びかける。しっかり覚え、まちがわないように注意する。

この欄で少しでもふれておくとよかった。

進級児が放っておかれることのないように注意します。
4月にこのようなひとりひとりを大切にする保育をすることによって、1年間、このクラスにいたいという気持ちになります。

配慮・援助

- ○毎日、決まった保育者が受け入れるようにする。
- ○安定してくるまで、保育者の背中で生活するが、食べたいもの、食べられそうなものを保育者の背中や膝の上で口に運んであげたり、おもらしをしてもその行為に対しての言葉は避け、衣服を替えて気持ちの良いことを知らせていくように接する。
- ○友達の遊ぶようすを保育者の背中から見せながら、ことばがけをし、気持ちが開いてくるのを待つ。

ここでは字数の制限があるので難しいかもしれませんが、食事は食事、排せつは排せつと別々に記したほうがわかりやすいのでは？

評価・反省

- ○決まった保育者が、Aちゃんの要求を全面的に受け入れる姿勢を見せたことで信頼関係が深まり、少しずつ安定してきている。しかし、今のところ、保育者の背中しか安定できる場がなく、食事、昼寝時も降ろすと泣いてしまう。
- ○排せつもトイレには行かず、保育者の背中でおもらしをしてしまう状態が続いているが、おんぶしている保育者が言葉をかけると、少しずつ話すようになってきている。
- ○安定するまで十分受け入れ、保育者や保育園は自分を大切にしてくれるところだということをあたたかくわからせていきたい。

※4月時点では2歳～2歳11か月児の12名ですが、途中で3歳になる子も多いわけです。「保育所保育指針」でもおおむね2歳とおおむね3歳に分かれているように、その都度「ねらい」や「内容」を確認しましょう。

5月 月 の

Ⓐ→Ⓑ→Ⓒ→Ⓓ→Ⓔ の流れを把握して実践に結びつけたいものです。

ねらい

- Ⓐ 連休明けの不安な気持ちを受け止め、スキンシップに心がけ、安定して過ごせるようにする。
- 個々の行動をしっかり見守り、危険のないように配慮して、安全に遊べるようにする。
- 保育者といっしょに戸外の固定遊具や砂場等で遊ぶのを楽しむ。
- 保育者を仲立ちとして、友達とふれあったり、まねをしたり、自分の好きなことをして遊ぶことを楽しむ。

※朱書きは、解説についてはゴシック系、不足していると思われることなどについては明朝系と、書体を分けて入れています

4月の評価を生かした内容です。

内　　容	環　境　構　成
Ⓑ ○個々の子どもの気持ちを理解し、甘えの欲求も受け入れ、安心して自分の気持ちが出せるようにする。 ○園での生活のリズムを取り戻し、安全面、衛生面に配慮し、健康的に過ごせるようにする。 ○保育者や友達と戸外で遊んだり、散歩に出かけて心の開放をする。 ○保育者といっしょに体操したり、走ったりして体を十分に動かす（こいのぼりを見て喜び、関心を持つ）。 ○見たり、触ったりしたものの模倣をする。 ○遊んだ後は衣服を着替えたり、お茶を飲んだりして休息を取る。 ○尿意を感じたら保育者に知らせる。 ○介助されながらシャツやパンツをひとりで着替えようとする。 ○自分の要求を言葉や身振りで伝える。 ○指先を使った簡単な遊びの中で、いろいろな感触を楽しむ。4月の評価・反省を受けて排せつ、食事にかかわる内容を。	Ⓒ ○登園してくる子を明るく、優しく迎える。 ○楽しく落ち着いた雰囲気の中で食事ができるよう、好きな曲を流したり、待っているあいだ、手遊びや絵本を見せられるよう用意しておく。 ○遊び出しやすいよう玩具を目につく所に置いておく。 ○玩具の数は十分揃えておく。　○こいのぼりを用意しておく。 ○固定遊具の整備点検をしておく。　○砂場の遊びが楽しめるよう整備しておく。 ○玩具の消毒をし、清潔にしておく。○十分な時間を用意して ○散歩する道路の状況を確かめ、安全面や自然物についてのようすを調べておく。 ○トイレは便座カバーを敷き、こまめに取り換えたり、子どもの目の高さに合わせ、喜びそうな絵をはるなど、明るい雰囲気で排せつができる工夫をする。 ○測定や検診が安心して受けられるよう場の設定の工夫をする。 ○指先を使って遊ぶための、玩具や素材を用意しておく。

保育をするうえで大切な立案です。

年の指導計画を受けた内容ですね。

玩具などは

評価・反省

- 連休明けでも保育者との信頼関係がしっかりついている子は4月当初のような泣き方をすることは少なかった。泣いている子も時間は短かく、遊びへの興味のほうが高かった。子どもたちの喜びそうな遊びを工夫したり、ある程度の数を準備しておいたことが良かったと思われる。
- 食事・排せつ面は個人差が大きく、個々の状態の十分な把握をするために表を作って分析したことが、より適確に援助するためにとても良かった。　具体的にこのような記録が参考になります。

個人別月間計画

氏　名	姿	内　　容
Aちゃん	○保育者の背中での生活が、いちばん安定している。 ○トイレに行って排せつできない。 ○食事は、保育者の背中でないと食べず、食事量も少ない。 ○友達の遊びを保育者の背中から見ているが、降りて遊ぶ気にはならない。	○戸外遊びや園外に散歩に出かけ、気分転換をしたり、体を十分動かして遊ぶ。 ○排尿間隔を知り、トイレに行って排せつできるようことばがけをし、便器での排せつに慣れるようにする。 ○気持ちが和むように、なじみの曲を流したり、歌ったり、踊ったりする。 ○自分の要求を言葉や身振りで伝える。 Aちゃんの状況に応じて保育者が適切に行なうべき事項としてこのように記入します。

※クラス編成（4月時点で2歳の12名についてのみ）…2歳＝男子7名・女子4名、3歳＝女子1名

指導計画表

家庭との連携	○健康診断の結果について知らせ、疾患のある場合は治療を勧める。 ○園生活でのようすを必要に応じて知らせ、生活リズムを整えていってもらう。　○甘えたいのに保育者の働きかけに応じられない子どもがいることに気づく。 5月の月案にはこのように不安な女子もいることを理解し、幅広い援助に。	行事	○健康診断（内科・歯科） ○身体測定 ○避難訓練 ○誕生日を祝う ○分量や盛りつけを工夫する。 ○全部を食べなければいけないという思いをいだかせない。

予想される子どもの活動

- ○母親から離れ、保育者といっしょに所持品の始末をする。
- ○登園を嫌がって泣き、母親の後追いをする。 D
- ○喜んでおやつや給食を食べる。おやつの好き嫌いもある
- ○野菜など嫌いなものは口に運ぶのを嫌がったり、見た目でいらないと言う。
- ○自分から、あるいは保育者に言葉をかけてもらうなどしてトイレに行き、保育者の見守りの中で排せつする。
- ○昼寝室に行くのを嫌がる子もいる。
- ○保育者や友達とふれあって遊ぶことを楽しんだり、自分の好きな遊びを喜んだりする。
- ○室内遊びをする（ままごと・ブロック・乗り物・小麦粉粘土・絵本・テレビ・段ボールの家で遊ぶなど）。
- ○戸外遊びをする（砂場・固定遊具・フープ・ボール・電車・体操・こいのぼりを見るなど）。
- ○散歩する（小動物や草花を見たり、触れたりする）。
- ○身体測定・内科検診・歯科検診を受ける。
- 幼児たちがする測定や検診のようすを見る。
- 散歩を喜ぶ。
- ○靴に注意し、大きすぎたり、小さくてきゅうくつでないものをはいて歩くことの大切さを家庭にも伝え協力してもらう。

援助活動・配慮事項

- ○E ことばがけやスキンシップをして、子どもの気持ちを受け止めながら活動を促す。
- ○自分でしようとする気持ちを大切にし、励ましたり、手助けをしたりして根気よく見守る。
- ○食べ物についてわかりやすく話したり、保育者が食べるところを見せたり、味見をしたりしながらだんだん給食に慣れていけるように配慮する。
- ○お話をしたり、添い寝をし、個々にかかわりながら安心して眠れるように接する。
- ○ひとりひとりの遊びを見守りながら「○○ちゃんあんなことしているね」とほかの子に関心を持つようなことばがけをする。
- ○子どもの遊びのようすを見守りながら、子どもの喜びを「おもしろいね」「かわいいね」「きれいだね」などと受け止めたり、認めたり、共感したりする。
- ○医師を見ると嫌がる子には保育者が体に触れ、安心させる。砂場遊び、泥んこ遊びなどで汚れるのを嫌がる子への配慮？
- ○尿意を言葉で表せず、表情や態度で知らせているから早く読み取ってあげる。
- ○"ひとりでする"と主張することが多くなるのでやりとげたい気持ちを受け入れ、できたと満足できるように援助する。
- 園外への散歩について援助や配慮を記す。

配慮・援助

- ○背中ばかりでなく、抱っこや膝の中に入れていけるよう、繰り返し接してみる。　柔軟な姿勢が出ている例です。
- ○尿間を測定し、時間を見計らってトイレに連れて行くようにする。　受け入れるばかりでない保育の基本です。
- ○トイレで排せつできたときは十分ほめる。
- ○食事をするときは膝に入れてするようにし、手渡しをやめ、スプーンで口に持っていく。
- ○Aちゃんからの要求はなるべく聞くようにするが、保育者の要求も出していくようにする。
- ○Aちゃんの好きな玩具や絵本を知る。
- ○友達の遊ぶようすに関心を持たせる。

評価・反省

- ○Aちゃんからの要求は十分に受け入れるようにしているため、とても安定してきて保育者の背中には少しずつこだわらなくなってきている。しかし、決まった保育者との関係のみでほかの保育者だと不安のようだが、おんぶしてくれれば少しは安定できるようだ。
- ○ひとつひとつのポイントでほめたり、喜んでもらうことが励みとなるようで、だんだん、保育者側の要求も受け入れてくれるようになってきているが、大切に接してあげることを忘れず、気持ちの安定を図りたい。
- このように個人差を考えて保育したいものです。

6月の月案

※朱書きは、解説についてはゴシック系、不足していると思われることなどについては明朝系、書体を分けて入れています

養護は訓練や鍛練ではないということの記入例です。

ねらい

- 個々の気持ちを理解し、受け止め、信頼関係を深める。
- 気温の変化に応じて衣服の調節を行ない、健康で快適な生活ができるようにする。
- 梅雨期の衛生面に十分配慮し、ひとりひとりが健康に過ごせるようにする。
- 好きな遊びを楽しみながら、保育者を仲立ちとして、友達とふれあうことを楽しむ。
- 自然物に触れたり、用具や玩具を使って好きな遊びを楽しむ。

反省にはふれていますが環境構成にコーナー遊びの部分が扱われていません。子どもの遊びが導き出される環境がほしいです。

内　　容	環　境　構　成
○個々の健康状態を把握し、衣服の調節や室内の温度調節などをし、快適に生活できるようにする。 ○甘えの欲求も受け入れ、抱いたり、膝に入れたりして情緒の安定ができるようにする。 ○保育者の援助を受けたり、促されたりしながら、自分で身の回りのことをしようとする。 ○保育者を仲立ちとして、友達といっしょに同じ遊びをする。　小動物 ○用具や玩具を使って友達と遊ぶ。 ○自然物（カタツムリ、ウサギ、モルモット、カメなど）を見たり、触れたりする。 ○お手拭きで手を拭いたり、食後、口の周りを拭く。 ○スプーンを使って、ひとりで食べる。 ○尿意を言葉で知らせ、見守られてトイレで排せつする。 ○身の回りのことなど、簡単な言葉のやりとりをする。 ○紙芝居・絵本・テレビなどを喜んで見る。 保育者としてどのようにかかわったかを記録しましょう。	○気に入った遊びが十分楽しめるよう、場所を整えたり、玩具の数を揃えたりしておく。 ○保育室の通風、温度に留意し、環境を整える。 ○小動物は身近な所に置き、見やすく遊びやすいようにしておく。　○より興味・関心を深めるよう絵本・写真・図鑑などを置く。 ○戸外遊びの後は着替えをしたり、お茶を飲んだりし、休息が取れる場を作っておく。 ○遊びの中で必要な言葉（「かして」「いいよ」「ありがとう」など）を保育者が使っている姿を見せる。 ○衛生面に十分配慮し、楽しく食事ができる雰囲気をつくる。　発達を助長させるために最も大切な例と言えます。 ○保育室の通風除湿に留意し、気持ち良く眠れるよう環境を整える。 ○梅雨期のため室内遊びが増えるので保育室が広く使える構成を工夫し、子どもの動きに合わせて再構成を常にする。このように立案することで衛生を心がける保育となります。 ○ままごとなどの玩具は常に消毒したり、清潔にしておく。

5月の評価・反省を生かしてあります。

評価・反省

- 雨の日が続き、部屋の中で遊ぶ日が多くなったため、ままごとハウスや新聞紙をちぎってお風呂にしてみた。友達と2歳児なりにかかわりを持って楽しむ姿も出てきた。
- 簡単なごっこ遊びができるよう、コーナーを作って遊びの内容がふくらむような設定をし、用具を十分取り揃えておくことが遊びを楽しんだり、トラブルを少なくする要素になっていると思われた。ごっこ遊びを通して日常生活に必要な言葉も獲得されていくことがよくわかる。

個人別月間計画

氏　名	姿	内　容
Aちゃん	○必要なとき（食事・排せつなど）は、背中から降りて、生活するようになってきている。 ○尿意を感じると保育者に伝える。 ○食事はスプーンを使って自分の手で口に運ぶようになってきているが、味には慣れず、自分の好きな物だけを食べている。 ○自分が面白そうだと感じる場面では、笑ったり、言葉を発したりするが自分からやろうとしない。	○Aちゃんの気持ちを理解し、受容する中で、信頼関係を深め、自分の気持ちを安心して表すことができるようにする。 ○自分で尿意を感じてトイレで排せつする。 ○スプーン・フォークを使ってひとりで食べようとする気持ちを持つようにする。 ○気に入った玩具で保育者といっしょに遊んだり、見守れる中でひとりで遊ぶ。

※クラス編成（4月時点で2歳の12名についてのみ）…2歳＝男子7名・女子3名、3歳＝女子2名

指導計画表

家庭との連携	○暑さに向かい、汗をかきやすくなるので、頭髪や、爪などを清潔にするよう留意してもらう。 ○着脱しやすく、汗を吸い取りやすい衣服を用意してもらう。 ○雨降りの日の通園に注意するように連絡する。	行事	○保育参観 ○避難訓練 ○誕生日を祝う 梅雨期の衛生に注意する。

予想される子どもの活動

- ○あいさつをする。 **全員があいさつをするとは限りません。どのようにかかわるかを工夫しましょう。**
- ○所持品の始末をしようとする。
- ○排せつ後や食前に手を洗い、タオルで拭く。
- ○着替えをする。 ○汗ばむなど気づかない。
- ○お茶を飲む。 ○教えてもらいながら脱いだ物をたたむ。
- ○おやつや給食を食べる。 ○食事、うがいや歯磨きをしようとする。
- ○昼寝をする。 ○晴れ間を利用し、こまめに寝具を干す。
- ○好きな遊びを楽しんだり、保育者や友達と遊ぶ。
  室内遊び（ままごと・ゴーカート・ボール・シールはり・魚釣り・新聞紙・体操・絵本・テレビを見る・段ボールハウス・まねっこ遊び・小麦粉粘土など）
  戸外遊び（固定遊具・追いかけっこ・小動物を見たりエサをやる・砂場・泥んこ・水たまりなど）
- ○散歩に行く（カタツムリ・ダンゴムシを見つけて捕まえる）
- ○避難訓練に参加する。

このとき、どのようにかかわるかを予想して立案をすることが大切です。援助が幅広くなります。

○乳歯が20本生え揃うころだから、食後のうがいや歯磨きを保育者の介助を受けながらやり始めるとよいでしょう。

援助活動・配慮事項

- ○保育者が明るくあいさつを交わし、自然に言えるようにしていく。
- ○自分でしようとする気持ちを大切にし、励ましたり、手助けをしたりする。 **優しく、急がせないようにします。**
- ○できた喜びを十分認め、自信を持たせていく。
- ○「手を洗おう」と声をかけ、袖口を上げること、両手をすり合わせて洗うことなど、具体的な動作をいっしょにしながら自分でもできるように繰り返し知らせる。
- ○床にこぼしたものは、食べないように知らせる。
- ○汗が出たら拭いたり、衣服を替えたりして快適に眠れるようにする。 ○5月の歯科検診をふまえて、うがいや歯磨きの必要を考える。
- ○遊びの中で「かして」「いれて」の簡単な言葉を知らせていく。
- ○けんかが起きたときはお互いの気持ちを受け入れてからほかの遊びに誘い、気分の転換を図る。
- ○小動物に触れたときは、衛生面に気をつける。

散歩に行くときに持参する物（簡単な救急薬品・携帯電話・名簿など）とか、留意事項について話し合います。
避難訓練の意味がわからず、怖がることがあるので保育者は常と変わらない言葉づかいや行動で安心させます。

配慮・援助

- ○朝の受け入れ時と、一日の生活の大半は決まった保育者がかかわるが、徐々にほかの保育者が声かけをしたり、必要な援助をすることでいろいろな保育者とのかかわりを増やすようにしていく。ただし、無理しないようにする。
- ○自分でできそうなことはやれるようにし、保育者は励ましたり、見守ったり、ほめたりして自信を持たせる。
- ○他児との遊びを十分に見させ、時々参加できる方法を取って繰り返す。参加の場面を多くして、やりたくなるような気持ちにさせる。 **大切な記入です。**

このように具体的に記入することが今後の保育に役立ちます。

評価・反省

- ○おんぶしてくれる保育者なら誰でもよくなってきている。言葉も気持ちもはっきりしているので、自分の要求を保育者に伝えるようになってきた。
- ○要求を受け入れる保育者は、心がけて別の保育者が当たるようにし、保育者は誰でも自分にとって安心できる存在であることに気づける場面を多く作るようにしたところ、だんだんわかってきたようである。
- ○遊びの場面でも下に降ろす機会を多くして、友達や遊びへ関心を向けると、表情も良くなった。

（友達やほかの保育者との関係ができてきて変化が見られ、担当保育者の姿（努力）がうかがえる。）

7月 月の

このように結びつきを考慮しましょう。

ねらいと内容を考慮した2歳児の7月らしい環境構成です。

ねらい

Ⓐ
- ○個々の子どもの気持ちを十分受け止め、安定して生活できるようにする。
- ○夏の健康管理に十分注意し、保育者の介助を受けながら快適に生活できるようにする。
- ○簡単な身の回りのことを自分でしようとする気持ちを高める。
- ○保育者や友達といっしょに夏の遊びを楽しむ。
- ○小動物や夏の自然物に触れることを楽しむ。

※朱書きは、解説についてはゴシック系、不足していると思われることなどについては明朝系と、書体を分けて入れています

内　　容	環境構成
○子どものやろうとする気持ちを大切にし、ゆとりを持って接し、励まし、できることはやる気にさせる。 Ⓑ ○手洗いの後や汗をかいたときはタオルで拭く。 ○保育者の援助を受けながら衣服の着脱や身の回りのことを自分でしようとする。 ○同じ遊びをしたり、同じ遊具を使って友達と遊ぶ。 ○水の感触を味わいながら、保育者や友達といっしょに水遊び・プール遊びを楽しむ。 ○リズムに合わせて体を自由に動かしたり、歌ったり、踊ったりする。 ○七夕の飾りに関心を持つ。	○窓を開け、風通しを良くしておく。 ○トイレや手洗い場は清潔にしておく。 ○衣服は着脱場を作り、自分のものをカゴに入れられるよう、カゴに目印をつけておく。 ○室温・通気・除湿に留意し、気持ち良く眠れるような環境を整える。 ○プールの水が冷たすぎないように早めに水を入れたり、湯を足したりする。 ○水量が多すぎないよう調節する。 ○個人差を考えて、タライ・ビニールプールなどいろいろなものを用意しておく。 ○プールの中で遊ぶ玩具は消毒しておく。 ○園庭や砂場に危険なものが落ちていないか点検しておく。 ○プールサイドを滑らないようにマットを敷いたりして工夫する。 ○日陰や風通しの良い場所にテーブルやござを敷いて涼しく遊べる工夫をしておく。 ○保育室に七夕飾りを飾っておく。

2歳児らしい内容です。

自然に触れるのか自然物なのか、自然物なら何に触れさせようとしているのかがわかりにくい。具体的な内容、環境構成、予想される活動には取り上げていませんが？

どのような遊びかを記入すると参考になります。

水を入れる容器のいろいろなもの？

評価・反省	○水遊びやプール遊びを楽しみにして登園する子が多かった。体調により水遊びのできない子がなかなか納得できず、ほかの遊びを充実させることを保育者間で話し合い、環境づくりをした。 ○水を使わない、手足程度なら水に触れてもいい子など、個々のその日の健康状態の把握を十分にし、保育者の役割り分担をすることで遊びのポイントを押さえることができたが、臨機応変に対処することも大切であり、保育者間の話し合いも十分持つようにした。

具体的な記入として参考になります。

氏　名	姿	内　　容
個人別月間計画	Aちゃん	○決まった保育者でなくても、自分を受け入れてくれる人なら安定できるようになってきている。 ○水遊びやプール遊びを喜び、長時間遊べるが、顔に水がかかるのは嫌である。 ○野菜は苦手だが、保育者が勧めると食べてみようとする。 ○昼寝は、保育者が寝つくまで添い寝してあげれば、午睡室で寝ることができるようになった。	○保育者の優しいことばがけと援助で、気持ちを安定させ、好きな遊びをする。 ○保育者といっしょにいろいろな水遊びを楽しむ。 ○スプーンやフォークを使ってひとりで食べる。 ○保育者の話しかけを喜んだり、絵本やテレビをいっしょに見る。

Aちゃんの発達の側面から保育者が援助する事項としての例と言えます。

※クラス編成（4月時点で2歳の12名についてのみ）…2歳＝男子5名・女子3名、3歳＝男子2名・女子2名

指導計画表

家庭との連携	○汗をかいたり、汚れたりするので着脱しやすい服を多めに持たせてもらう。 ○プール遊びをするので、その日の健康状態を細かく連絡を取り合う。 ○暑さのため、疲労が目立つので食事などに配慮してもらう。	行事	○七夕 ○プール遊び ○身体測定 ○誕生日を祝う ○避難訓練

Ⓐ⑧にふさわしい記入と言えます。

予想される子どもの活動 / 援助活動・配慮事項

予想される子どもの活動	援助活動・配慮事項
○元気に登園して来る。 ○自分からあいさつする子としない子がいる。 ○所持品の始末をしようとする。 ○おやつ・給食を喜んで食べる。 ○食欲のない子もいる。 ○昼寝する。 ○水遊びやプール遊びをする。 ○自分から身支度をする子と、まったく自分でしない子がいる。　帽子を嫌がる。　○濡れるのを嫌がったり、水を怖がったりする。 ○水が顔にかかると泣く子がいる。 ○好きな遊びをする。 　室内遊びをする（ままごと・絵本・ゴーカート・積み木・体操・曲に合わせて歌ったり、踊ったりするなど）。 　戸外遊びをする（砂場・泥んこ・体操・キンギョすくい・色水・水遊びなど）。 ○七夕飾りを見る。 ○身体測定を受けたり、避難訓練に参加する。	○自分でしようとする気持ちを大切にし、できないところは必要に応じて援助し、できたらほめて喜びを持たせる。 ○排せつの後始末や手洗いができているかそばについて見守り、不十分なときは手助けしていく。 ○水を出しすぎないことや使った後止めておくことなど、知らせていく。　優しく ○食欲がない子には無理強いせず、量を加減したり、楽しい雰囲気で食べさせる。 ○プールに入る前にその日の体調をよく把握し、異常のあるときは適切に対応する。 ○トイレに行くよう促し、いっしょに行って習慣づけをする。　説明が必要ですね。 ○プールの水を飲まないよう知らせる。 ○個々の興味に合わせて遊具や素材を用意する。 ○遊びたい気持ちを十分満たし、適当なときに終える。 ○子どもといっしょに七夕飾りを見て感動を受け止める。 ○戸外に出るときは必ず帽子をかぶるように促す。 ○水遊び、プール遊びについて十分申し合わせをしておく。

〜する。〜しない。というふうに、どのようにかかわるかを具体的に記入します。援助の立案が明確になりません。

この欄に記入してある文はできるだけどのようにかかわるか工夫します。

6月の避難訓練を思い出す。

●プールに入ってはいけない子のチェック。
皮膚疾患や耳疾などで●プールに入れない子どもの家庭からの連絡を忘れないこと。

プールに入らない子どもの遊びが用意されているか？

気温、水温によって中止することもあるので、その水温は？また、水の深さを年齢別に考える。消毒のこと？　入る前にシャワーを使い、必ずお尻の穴まで洗う、入った後はシャワーを使い、特に目を洗う、など。

配慮・援助 / 評価・反省

配慮・援助	評価・反省
○Aちゃんの要求をどの保育者も十分受け止める。 ○かかわったときのようすの報告を伝達し合い、現在の問題点をどの保育者も把握しているようにする。 ○おんぶの時間をだんだん減らし、遊びの楽しさを伝えたり、自分でやろうとしている点を十分認める。 ○顔に水がかかったらタオルですぐ拭いてあげる。 ○楽しいと思える生活のウエイトが多くなるように環境づくりを工夫する。 ○職員が交替で休みに入るので連携を取り合う。 このように保育の流れを押さえて具体的にどのようにしたのかを評価します。	○職員間の連携を取り合い、せっかく慣れてきたAちゃんの気持ちの受け止めをしたことで、保育者には気楽に接し、自分の要求もしっかり言えるようになってきた。 ○水遊びやプール遊びがきっかけで、おんぶの生活はぐっと減り、Aちゃんなりに遊ぶことの楽しさや友達とのかかわりも楽しめるようになってきている。 ○生活はとても安定してきている。 ○複数の保育者がかかわるときの、一貫した姿勢とその子に合った接し方を気長に続ける大切さがわかる。

8月 月の

ねらい	○開放的な雰囲気をつくり、夏を機嫌良く過ごすことができるようにする。 ○夏の健康管理に十分注意し、快適に生活できるようにする。 ← 8月の立案で忘れてはならない記入です。 ○保育者や友達といっしょに夏の遊びを楽しむ。 ○保育者を仲立ちとして友達と話したり、遊んだりすることを楽しむ。

※朱書きは、解説についてはゴシック系、不足していると思われることなどについては明朝系と、書体を分けて入れています

内　　容	環境構成
○保育者に安心して自分の気持ちを表す。 ○暑さの中、健康的に過ごせるように栄養や休息を十分とれる生活をする。 ○水や土の感触を味わいながら体を十分動かして遊ぶ。 ○絵本の中の言葉をまねて話したり、簡単なごっこ遊びの中で友達との会話をする。　友達との会話を楽しむ。 ○音楽を聴いて自然に踊ったり、保育者や友達の模倣表現をする。 ○夏の虫や草花に親しみや愛情を持って触れて遊ぶ。 夏の遊び、虫など、内容との関係で選ばれている絵本と、今、子どもたちの興味や関心がどうかを把握して、それらにふさわしい絵本を置く。 食中毒を考えた環境なのか？4月当初からの保育者の姿だと思われる。8月に取り上げられるのは？	○窓を開け、風通しを良くしておく。 ○パラソルやよしずなどで日陰を作り、遊びやすくしておく。○お茶や水がいつでも飲めるようにしておく。 ○エアコンで室温を調節し、気持ち良く眠れるように環境を整える。 ○プールの水を早めに入れ、水温が上がるようにしたり、入水前に水温測定をし、適温になるよう湯を足したりする。 ○素足で遊べるよう園庭を整備しておく。　や足洗い場 ○子どもが見やすい容器や場所を選んで観察物を置いておく。 ○遊びに使える草花を計画的に植えておく。 ○ままごとコーナーの内容を検討し、会話が発生するための要素に必要な道具や玩具を取り揃えておく。 ○絵本が見てみたくなるような設定を工夫し、喜びそうな絵本を選んでおく。 ○保育者が進んで手洗いをし、石けんを使ったり、洗い流す姿を見せる。

評価・反省	○遊びの中心は水を使っての遊びであり、受け入れ時にその日の健康状態について連絡を密にすることを心がけた。水を使っての遊びは気持ちが良いため、適度な時間の中で満足感を味わえるようにしたいが、遊びを終えるタイミングがとても難しかった。 ○生活面でも遊びの面でも、保育者がする姿を見せたり、いっしょにやったりすることが、子どもの発達を助けることにつながっていくことがわかった。 ○友達の存在を意識してきた子が多くなった。　なぜ多くなったのかを具体的に記録することが次の保育の出発点となります。

氏名	姿	内　　容
個人別月間計画　Aちゃん	○保育者への信頼が深まり、安定してきている。 ○自分から尿意を感じると、保育者に伝えるようになった。 ○見守られていれば、衣服の着脱も自分でしようとする。 ○大人との会話はよくでき、言葉取得数がとても増えているため、ごっこ遊びを喜ぶ。 ○虫を恐がり、動くところを見せようとすると大泣きする。	○保育者が見守る中で、自分のしたいことを見つけて遊ぶ。 ○泥んこや水遊びを十分楽しみ、遊びの快感や開放感を体験する。 ○水道の蛇口を自分の力で開けたり、閉めたりする。 ○夏の虫や草花に触れて遊ぶ。

※クラス編成（4月時点で2歳の12名についてのみ）…2歳＝男子5名・女子2名、3歳＝男子2名・女子3名

指導計画表

家庭との連携	○暑さに負けないよう、食事・睡眠など、健康管理に留意してもらう。 ○着替えを十分用意してもらう。 生活のリズムを整え	行事	○プール遊び ○夏祭り ○避難訓練 ○誕生日を祝う 保健衛生や情緒の安定を図るという養護のための援助として大切な例です。

予想される子どもの活動

- 登園する。
- 声をかけられても恥ずかしがってあいさつしない。
- 自分でトイレに行き、排せつしようとする。
- 石けんを使って手を洗う。
- 自分で着替えをしようとする。
- 汗をかいているので脱ぎにくくて手助けを求める。
- 暑いので食欲がない。
- 食事の準備やかたづけを自分でしたがる。
- プール遊びをする（水をかけられるのを嫌がる）。
- 好きな遊びをする。
  - 室内で遊ぶ（ままごと・ヒーローごっこ・絵を描く・絵本を見る・ブロック・ゴーカートなど）。
  - 戸外で遊ぶ（砂場・泥んこ・体操・キンギョすくい・色水・水鉄砲・ジョウロ遊び・シャワー遊びなど）。
- 夏の虫や草花を見たり、触ったりして遊ぶ（カブトムシ・セミ・アサガオ・ヒマワリなど）。

8月なら8月の内容やねらいとの関係でこのように遊ぶうちに「言葉をつかう」「必要な物を作る」「友達と力を合わせる」「いろいろなことを発見し、探査を行なう」などが見えてくるように計画してほしいものです。

援助活動・配慮事項

- 外出や家の都合で休みが続いたときは、特に体調の変化や子どもの気持ちを察し、快く受け入れる。
- 自然に声をかけ、毎日繰り返すことで、あいさつの習慣が身につくようにかかわる。
- 自分でやっていることを認め、見守りながら必要なとき、手助けをする。
- 保育者もいっしょに手洗いをすることで、洗い方を見せたり、困っている子には手助けをする。
- 手助けを求めてきたときには、気持ちを大切にしながら援助したり、優しく受け答えする。
- 食欲が落ちている子には、無理強いせず、量を加減したり、食べたくなるようなことばがけをする。
- 遊びたい気持ちを十分満たし、適当な時間の考慮をする。
- 生き物を大切にすることを知らせる。
- 保育者が親しみを持って接し、動植物に興味を持たせる。
- 子どもの発見や喜び、驚きを受け止めるようにする。
- 日あたりのよい、のどごしのよい献立を加えてもらうようにする。

プールの中に長くいたり、炎天下で遊んだりする時間を考慮するということでしょうか？

配慮・援助

- どの保育者も声をかけ、Aちゃんからの要求に答えるようにし、自主的な意欲を大切にする。
- 子ども同士で遊ぶことが楽しいということがわかるように、友達とかかわっていきやすい環境づくりをする。
- 水遊びのときは自分の意図に反して水がかかったり、玩具を横取りされてしまうのが嫌なのだろうと予測を立て、原因になりそうなものを取り除いていく。
- 保育者が虫を触わっているところを見せ、親しみが持てるように絵本やビデオを見るなどして、恐怖感を取り除く。取り除くのでなく、友達とかかわらせる機会としてとらえる積極的な活動へと援助しては？

評価・反省

- Aちゃんと保育者の関係はとても良くなり、安定しているので、元気が出て表情も明るい。
- 水遊びが好きなので、登園後とても元気になり、小さいなりにも楽しみがあるということがいかに大切であるかがよくわかる。今後も興味の出そうな遊びの環境づくりをしたい。
- 園には自分以外の子がたくさんいることに気づかせていくようにするが、保育者が接するときの接し方についても、十分に話し合うようにする。

なぜ良くなったのかを具体的に記入したいものです。

9月 月の

ねらい

- 夏の疲れや健康に十分留意し、快適に生活できるようにする。 ← 9月の時期として大切な立案です。
- 自分のやりたい気持ち、甘えたい気持ちを受け止め、安定できるようにする。
- 運動遊びやリズム遊びを通して全身を動かして遊ぶことを楽しむ。
- 保育者のまねをしたり、保育者が仲立ちとなったりして言葉のやりとりを楽しむ。
- 身の回りにさまざまな人がいることを知り、徐々に友達とかかわって遊ぶ楽しさを味わう。
  8月の評価・反省で「友達を意識してきた子が多くなった」と述べています。このことをより確かにするための[ねらい]を持つとよいでしょう。

※朱書きは、解説についてはゴシック系、不足していると思われることなどについては明朝系で、書体を分けて入れています

内　容	環境構成
○個々の子どもの健康状態を把握し、休息や衣服の調節、水分の補給などに留意し、健康で快適な生活ができるようにする。 ○走ったり、跳んだり、いろいろな遊具で遊んだりする。 ○音楽に合わせて体を動かしたりして遊ぶ。 ○保育者といっしょに年上の子の活動しているようすを見る。 ○自分の持ち物と人のものと区別ができる。 ○遊んだ遊具などをかたづけたり、手伝いをしようとする。 ○遊びの中で必要な言葉を知る。 ○友達同士の交わりを通してほかの子どもとのかかわり方を知る。　←異年齢児 「みんなの物」がわかり始める頃ですね。 ○遊具や絵本が決まった場へかたづけられるよう目印をつける。	○保育者が笑顔であいさつする。　←人的環境として大切な例と言えます。 ○トイレ、手洗い所は常に清潔にしておき、石けんは誤飲のないよう子どもが手洗いをするときにのみ用意しておく。 ○楽しく食事ができるように机の配置を工夫し、雰囲気づくりをする。　ねらい・内容にふさわしい環境構成の例です。 ○室温を調節し、気持ち良く眠れるようにする。 ○子どもが親しんでいる歌や体操の曲を選び、いつでも使えるように用意しておく。 ○自由に絵が描けるように紙やフェルトペン・ホワイトボードを用意したり、紙粘土の棒を準備しておく。 ○安全に遊べるよう、遊具や園庭の整備点検をしておく。 ○子どもがやりたくなるように、保育者が楽しそうに遊ぶ姿を見せる。 ○年上の子の活動のようすを見ながら安全に遊ぶことができる場所を設定する。 ○季節の自然に触れて遊べる場を、下見をして安全を確かめておく。

評価・反省	○気候も良くなり、散歩や戸外遊びを十分に楽しむことができた。体操などの曲がかかると室内でも戸外でも喜んで体を動かす姿がよく見られた。　←保育者としての具体的なかかわりが欲しいです。 ○年上の子のまねをして、走ったり、フープを持ち出して遊んだりした。 ○思い通りにならないと泣く子、手を出す子、口で言おうとする子など、さまざまであるが、気持ちをうまく伝えられるよう知らせていきたい。　←わかりやすく記入しましょう。 ○けんかしなくてもすむような遊べる環境づくりの工夫をし、遊具などの設定に心がけたい。

氏　名	姿	内　容
個人別月間計画 Aちゃん	○人の持っている玩具を欲しがる。 ○思い通りにならないと泣く。 ○友達とごっこ的なおしゃべりをして楽しく遊ぶ姿も見られる。 ○身の回りのことを自分でやろうとし、ほめられることが喜びになりがんばろうとする。 ○体操や踊りなど、リズム的なものが好きで、音楽がかかると喜んで体を動かしている。	○身体発育の状態を把握し、積み木、巧技台、ゲームボックスなどで、体を使って遊ぶ。 ○保育者に言葉をかけてもらってトイレに行き、保育者に見守られて自分で排せつする。 ○身近な絵本や音楽に親しむ中で、身体表現をする。 発達はすべて5つの視点としては立案できません。このような事例を参考にしますが偏らない工夫をしたいものです。

※クラス編成（4月時点で2歳の12名についてのみ）…2歳＝男子4名・女子1名、3歳＝男子3名・女子4名

指導計画表

家庭との連携	○夏の疲れが出やすい季節なので、健康状態については家庭との連絡を密にする。 ○災害などに備え、緊急時の連絡方法を再確認してもらう。	行事	○尿検査 ○身体測定 ○避難訓練 ○誕生日を祝う

予想される子どもの活動

- ○登園する（あいさつ、所持品の始末などする）。
- ○尿意を感じてトイレに行く。
- ○促されて、うがい、手洗いをする。
- ○おやつ、給食を喜んで食べる。
- ○いらなくなるとすぐ席を立って遊びだす。
- ○昼寝の準備をしようとする。
- ○好きな遊びをする。
  室内遊びをする（ままごと・積み木・マット・絵を描く・体操・踊り・身体表現遊びなど）。
  戸外遊びをする（走る・体操・追いかけっこ・砂場・泥んこ・固定遊具・フープなど）。
- ○年上の子の活動のようすを見る。
- ○草花を摘む。
- ○虫を見たり、保育者に虫を取ってもらったりする。
- ○避難訓練に参加する。

（※注記：このような援助をするためにも、予想の中に2歳以上の体のための行動を工夫したいものです。）
（※注記：できるだけ、どのようにかかわるのかを記入したいものです。）
（※注記：どのようにかかわるのかを工夫しましょう。）

援助活動・配慮事項

- ○あいさつしながら個々に子どもとかかわり、その子に合った対応をする。
- ○自分でしようとする気持ちを十分に認め、見守り、励まし、必要に応じて手助けをする。
- ○できたときにはほめて自信を持たせていく。
- ○夏の疲労による食欲不振や消化不良が起こりやすいので、個々のようすを見て量を調節したり、楽しく食べられるように配慮する。
- ○落ち着いてなるべく残さずに食べられるように励まし、自分でかたづけられるよう促す。
- ○食後のうがいが必要であることを知らせる。
- ○友達とかかわりを持つような誘いかけをし、言葉の意味がわかるよう仲立ちをする。
- ○ひとりひとりの遊びを見守り、危険がないよう配慮する。
- ○いろいろな遊具を使って体を動かす快さを味わわせる。
- ○年上の子のようすを見せたり、動くことを楽しませる。

（※注記：「ことばがけ」の必要は認められますが、その仕方によっていらだったり、無視したりすることもあるので注意したいものです。）
（※注記：季節的に体調不良なこの時期として大切な記入例と言えます。環境構成のところで安全に関して注意が行き届いているとうかがえます。）

配慮・援助

- ○なるべく玩具の数は多めに設定はするが、時にはがまんすること、順番がくるまで待てるようにことばがけをする。
- ○いつも保育者は自分の味方ばかりしてくれるのではなく、どの子にも平等に接している姿は大切にし、認めるところは十分にし、Aちゃんの気持ちを受け入れていく。
- ○意欲を持ってやろうとする姿は大切にし、認めるところは十分にし、Aちゃんの気持ちを受け入れていく。
- ○体を動かせる環境を十分整え、保育者もいっしょに遊んで楽しさを共有する。

評価・反省

- ○保育者との結びつきの強さが、友達に対しての力の強さにつながってしまったため、いつも自分が正しいのではないことを伝えたり、時には、がまんの必要なこともわからせていけるよう接したが、なかなか理解できない。
- ○常に保育者はどの子にも平等の姿勢で接していくよう、Aちゃんの姿から学んだ。
- ○ケンカも発達ととらえ、人とのかかわりを育てるためにうまく気持ちの解決をしていけるよう心がける。

（※注記：皆に平等に接することは大切ですが、ひとりひとりの必要に応じたかかわり方もないがしろにできません。）
（※注記：保育者がことばがけをして待てるようにすることも大切ですが、「かしてちょうだい」「いや」などの言葉をつかう機会とし、待つとかほかの遊びを見つけるとか、考え、工夫して行動する方向へ援助します。）

10月 月の

※朱書きは、解説についてはゴシック系、不足していると思われることなどについては明朝系と、書体を分けて入れています

ねらい	○自分でやりたい気持ちや甘えたい気持ちを受容し、安定して生活できるようにする。 ○衣服の調節をこまめにしたり、適切に休息を取ったりして、心身の疲れをいやす。 ○運動遊びやリズム遊びを通して、全身を動かして遊ぶことを楽しむ。 ○運動会の雰囲気を味わう。 ○友達といっしょに、散歩や戸外遊びを十分に楽しむ。

内　容	環境構成
○子どもの状態に合わせ衣服の着脱を促し、援助したり、気温に合わせて窓の開閉をしたりして快適な生活ができるようにする。 ○個々の子どもの気持ちを理解し受容することにより、子どもとの信頼関係を深め、自分の気持ちを安心して表すことができるようにする。 ○みんなといっしょに、走ったり、跳んだり、転がったり、踊ったりしながら十分体を動かす。 ○保育者といっしょに年上の子の遊ぶようすを見る。 ○保育者や友達とごっこ遊びをする。 ○散歩や戸外遊びをしながら、季節の小動物や自然に触れる。 ○好きな絵本やビデオを何度も見て、内容を楽しむ。 ○手先を使った遊びを楽しむ（つまむ・丸める・破る・はる・切るなど）。 10月に子どもの状況に応じて保育者が適切に行なう事項として年齢に合わせて立案します。	○指先を使って遊ぶ教材や遊具を用意しておく。 ○子どもが親しんでいる歌や体操の曲を選び、いつでも遊べるように用意しておく。 ○安全に遊べるよう遊具や園庭の整備点検をしておく。 ○年上の子の活動のようすを見ながら、安全に遊ぶことができるように時間と場所を設定する。 ○ケガなどにすぐ対応できるように、救急用品やティッシュペーパーなどは遊び場の近くに用意しておく。 ○万国旗を飾ったり、曲を流したりして運動会の楽しい雰囲気づくりをする。 ○交通量が少なく、秋の自然にふれることができる場所を選び、安全を確かめておく。 ○活動的な遊びが楽しめるように保育室の空間を広く取り、環境を整える。 ○子どもが遊びたくなるよう、保育者が楽しそうに遊ぶ。 ○いろいろな粘土、いろいろな紙を用意しておく。 ○マット、低い跳び箱、平均台などを置く。

評価・反省	○運動遊びへは、生活の中で興味のわいたことから楽しめるように働きかけてきた。個々の発達の差が体力的にも機能的にも違うので、個々に応じたかかわりを心がけたところ、どの子も楽しみ、喜んで参加できた。園だより、クラスだよりも有効に使いましょう。 ○行事に参加することへは親の要求が先行してしまわないよう、手紙などで繰り返し知らせ、子どもたちの生活を大切にした保育となるよう心がけたい。具体的な記録があれば参考になります。 ○秋の自然にふれ、子どもたちはどの子も楽しめ、個々の子どもの欲求は十分満たされたと思える。

子どもたちの生活を大切にした参加を呼びかけたということでしょうね。

氏名	姿	内　容
個人別月間計画　Aちゃん	○毎日の生活では、体操したり、踊ったりすることがとても好きであったが、運動会当日はいつもと雰囲気が違うので泣いてしまい、まったく楽しめなかった。 ○気の合う友達ができ、よく遊ぶようになったが、独占欲が強いのでトラブルが多い。 ○指先を使って粘土を丸めたり、ハサミを使って落ち着いて遊ぶことが好きである。	○気持ちを安定させられるように、好きな玩具や遊具で十分に遊ぶ。 ○走る・跳ぶ・登る・飛び降りる・ぶらさがるなど、体を十分使って遊ぶ。 ○楽しい雰囲気の中で、自分で食事をしようとする気持ちを持つ。 ○苦手な物でも少しずつ食べてみる。 ○つまむ・丸める・めくる・こねる・投げる・破るなどの手指を使う遊びを楽しむ。 教育に関する内容が多いのですが子どもによっては養護に関する内容が多くなる場合もあります。

※クラス編成（4月時点で2歳の12名についてのみ）…2歳=男子4名・女子1名、3歳=男子3名・女子4名

指導計画表

家庭との連携	○健康診断の結果について知らせ、疾患のある場合は治療を勧める。 ○運動会について知らせ、当日の参加、協力を依頼する。 毎月同じではありません。クチャクチャにしまう、ゆっくりしまう、友達の遊びを見てからかたづけるなど、少し工夫します。（個人差なども工夫したいものです）	行事	○運動会 ○遠足 ○健康診断（内科・歯科） ○身体測定

予想される子どもの活動

- ○登園する（あいさつ・所持品の始末）
- ○排せつ、手洗い、うがい、衣服の着脱をする。
- ○スプーン・フォークを使って食べる。
- ○保育者といっしょに食器をかたづける。
- ○昼寝をする。
- ○保育者や友達と遊ぶ。
- ・室内遊びをする（粘土・ハサミで紙を切る・セロハンテープではる・のりでくっつける・絵を描く・絵本を見るなど）。
- ・戸外遊びをする（体操・踊り・かけっこ・簡単な運動・遊具など）。 運動会のときにどのような行動をするか、母親を見て泣く、フラフラするなど、ある程度予想するとどうかかわるかによって幅広い援助になります。
- ○年上の子の活動のようすを見る。
- ○運動会に参加する。
- ○遠足や散歩に行く。
- ○身体測定・健康診断（内科・歯科）を受ける。
- ○避難訓練に参加する。 どのようにかかわるかをすなわち10月は具体的にどうかを立案したいものです。
- ○順番がわかって守ろうとする。

内容にある"ごっこ遊び"が見えてこないのでは？
紙の大きさや堅さなど、切りやすいもの、切りやすい大きさを用意して切ることが心地良い経験になるように。
ハサミを使うときの留意点をしっかり認識して、必ず保育者が見守るところで。クラス全員が一斉に使うことのないよう。

援助活動・配慮事項

- ○あいさつをしながらひとりひとりの子どもを受け止め、その子に合った対応をする。
- ○自分でしようとする気持ちを十分認め、見守ったり、励ましたり、必要に応じて手助けしたりする。
- ○長袖の服を着ている子には手洗いのとき腕まくりをするよう言葉をかけ、援助していく。
- ○食べる意欲を損なわないようにスプーン・フォークの使い方は個々に対応していく。 優しく
- ○友達といっしょに遊ぶ楽しさが味わえるよう、保育者が仲立ちとなる。
- ○好きな遊具や好きな場所で遊びに集中しているときは、見守りながら自分なりの遊びを十分させる。
- ○ごっこ遊びの中で、楽しい会話のやりとりや、言葉の広がりが生まれるように援助する。
- ○ハサミを使うときは、危険のないよう十分配慮する。
- ○救急箱の中を整え、不足がないようにしておく。
- ○応急手当ての方法を学んでおく。
- ○薄着の習慣が身につくように、この頃から取り組む。
- ○パジャマに着替えるときなどに乾布摩擦してあげる。
- ○順番がわかるようになると、ほかのルールも理解しようとする。順番の遊びを工夫して楽しませる。
- ○言葉をつかう必要や喜びを味わわせるように働きかける。

配慮・援助

- ○運動会当日は不安定になってしまったが、日常の生活で楽しめているようすを親に伝え、安心してもらう。
- ○雰囲気によって不安定にならないよう、気持ちが成長していけるような働きかけをする。 担任の独特な表現ですね。
- ○いろいろな友達がいることに気づかせ、みんなで遊ぶことの楽しさを伝えながら、貸し借りごっこで体験させ、トラブルの原因を取り除いていく。
- ○自分のや他児の持ち物をよく覚えているので、保育者の手伝いをしながら他児との関係を育てていく。

8月ごろから友達との関係がトラブルというかたちで問題にしているが9月には発達ととらえている。原因を取り除くのではなく、友達関係を育むことを考えてみましょう。

評価・反省

- ○手指がうまく使えるので、集中してひとりでじっくりと取り組む遊びを考えてやり、興味を引くよう仕向けてきたので、ハサミなどを使うのがとてもうまくなり、うれしいようである。保育者に認められることが自信につながり、保育者の手伝いも喜んでやってくれる。
- ○トラブルが起きたときは気持ちを十分受け止めて、日常のいろいろな場面で人間関係が広がるように体験させていくようにしたことが、相手の要求もだんだん受け入れられるようになってきた要素だと言える。

このような具体的な記入が参考となります。

11月の月の

養護と教育を分けて保育することは困難ですが、分けて考えるとひとりひとりを大切にする保育となります。

ねらい

- ひとりひとりを把握し、甘えを受け入れたり、いろいろな欲求を満たし、情緒の安定を図る。
- 気温や活動に合わせて衣服の調節を行ない、健康に過ごすことができるようにする。
- 保育者や友達といっしょに全身や手や指先を使う遊びを楽しむ。
- 身の回りのことを自分でしようとする。
- 友達とかかわって体の表現を楽しんだり、自然物に触れる楽しさを味わう。

※朱書きは、解説についてはゴシック系、不足していると思われることなどについては明朝系と、書体を分けて入れています

内　　容	環　境　構　成
○個々の子どもの気持ちを受け入れることで、自分の気持ちを素直に表すことができるようにする。 ○個々の健康状態を把握し、気温や活動に応じて衣服の着脱を促し、薄着の習慣づけをしていく。 ○固定遊具や運動器具を使って、走ったり、跳んだり、登ったりして遊ぶ。ひとりひとりの状況を把握することが大切です。 ○保育者の援助を受けながら身の回りのことを少しずつ自分でする。 ○保育者や友達といっしょに簡単なごっこ遊びを楽しむ。 ○戸外で落ち葉を拾ったり、イモを焼いて食べたり、木の実や草花を使ってごっこ遊びをする。 ○動物や乗り物などになりきって表現遊びをする。 ○見たり、聞いたりしたことを話したがる。 ○遊びの中で「かしてね」「いいよ」「いれて」などの言葉を使う。 ○パスや絵の具、粘土などを使って楽しむ。	○保育室の温度調節をし、明るく登園を待つ。 ○タンスの中の衣類を点検し、不足しているものを足してもらうように連絡しておく。……点検し、不足のないようにしておく。 ○うがい、手洗いが楽しくできるような絵をはっておく。 ○保育者がうがい、手洗いをする姿を見せる。 ○ティッシュペーパーは子どもの手の届くところに置いておく。 ○子どもが遊びたくなるようなコーナー作りの工夫をし、かたづけやすいよう整理箱を作っておく。　や遊具 ○パス・絵の具・紙・ハサミ・粘土・のりなどの教材を使いやすいように用意しておく。 ○いろいろなごっこ遊びが展開できるように遊具や玩具などを使いやすいように用意しておく。 ○安全に遊べるよう遊具や園庭の点検をしておく。 ○自然の多い場所や広くて安全な場所を選ぶようにする。 ○動物、乗り物、木の実、その他ひとりひとりの興味に合った絵本をいつでも取り出せるように用意する。

評価・反省	○個々への対応や遊びがいいかげんになっていないかを反省し合い、保育に当たったことで、自然を十分取り入れた保育ができた。集めたり、拾ったり、見つけたりの子どもの活動に共感し、遊びながら友達関係が深まる環境を常に工夫したい。具体的な記入と言えます。 ○ひとりひとりの発達を把握し合って、個々に応じた援助やことばがけをすることで自立心も高まり、生活に刺激を与える結果につながった。他の保育者との協力の姿を言おうとしていますか？ ○単調にならないよう、子どもたちの興味を引く環境づくりの工夫をしたい。

氏　名	姿	内　　容
個人別月間計画 Aちゃん	○衣服の着脱がとてもうまくなり、ボタンかけも最後まで自分でやろうと集中するが、その日の気分でまったくやろうとしないこともある。 ○自分のわからないことや疑問に思ったことを保育者に「これなあに？」とよく聞いてくるようになり、気分のいいときは、鼻歌をうたったりする。 ○手指がとても発達してきている。	○いろいろな場面での気持ちを理解し、受容することにより、安心して自分の気持ちが出せるようにする。 ○保育者に援助されながら、衣服の着脱を自分でしようとする。 ○生活に必要な簡単な言葉を聞き分けたり、自分の言葉で話す。 ○保育者の仲立ちによって、友達と固定遊具や共同の遊具などを使って遊ぶ。

このようにクラス全体での「ねらい」とAちゃんの「ねらい」を達成するために、Aちゃんの状況に応じて、保育者が適切に行なうべき基礎的事項と援助事項をAちゃんの発達の側面から示した例と言えます。

※クラス編成（4月時点で2歳の12名についてのみ）…2歳＝男子4名・女子1名、3歳＝男子3名・女子4名

指導計画表

家庭との連携	○冬に向かって健康習慣について知らせ、協力してもらう（うがいをする、厚着をしないなど）。 ○昼寝ふとん、着替えの調節を依頼する。	行事	○焼きイモ ○避難訓練 ○誕生日を祝う

全員が喜んでいるとは限りません。喜んでない子のかかわり方も工夫すると援助が幅広く記入されます。

自分の要求が保育者に素直に伝えられない子どもを見落とさないで表情や態度を読み取ってあげる。

予想される子どもの活動	援助活動・配慮事項
○喜んで登園する（あいさつ・所持品の始末）。 ○排せつ、手洗い。 *間に合わずしくじるとか、排せつ後の手洗いができる…と書いたほうがいいでしょう。* ○おやつ、給食を食べる。 ○保育者といっしょに食器をかたづける。 ○身の回りのことを自分でしようとする（うがい、手洗い、着脱、鼻水の始末など）。 ○昼寝をする。 ○保育者や友達と遊ぶ。 *活動として取り上げていません。* 　室内遊びをする（絵を描く・ハサミ・のりづけ遊び・ままごと・ヒーローごっこ・お家ごっこ・粘土など）。 　戸外遊びをする（固定遊具・砂場・三輪車・落ち葉集め・フープ・ボールで遊ぶなど）。 ○散歩に行く。　*○木の実や落ち葉を見つけて集める。並べたり分類して遊ぶ。* ○避難訓練に参加する。 ○焼きイモ屋さんごっこをする。 ○イモが焼けるのを待つあいだの遊びを楽しむ。 （「グー、チョキ、パー」の遊びをし、指・手を言葉どおり動かして遊ぶなど…） ○「読んで」と保育者のところへ好きな絵本を持ってくる。 ○絵本を見ながらリズミカルな言葉をまねたり、保育者に読んでもらったように、自分で読んでいるように話す。 ○いろいろと知りたがり、質問をする。	○明るくあいさつを交わしながら個々の子どもの健康状態を把握し、異常のある場合は適切に対処する。 ○紙で拭く、水を流す、手を洗うなどの排せつの始末を見守り、個々のようすを見て援助していく。 ○食事に要する時間は、ひとりひとり異なるので、個々の子どものようすを見て声かけする。 *優しく* ○自分でしようとする気持ちを大切にしながら、できないところは手伝う。 ○好きな遊びは満足するまで続けられるよう、時間を十分に取る。*主体的な活動ができるために、このように記入します。* ○ひとりひとりの気持ちをくみ取り、相づちを打ったり、うなずいたりして話を聞く。 ○表現遊びは形にとらわれず、子どもからイメージを引き出し、個々の動きを大切にする。 ○散歩の距離を伸ばしたり、子どもが拾ったものを持ち帰って遊びの発展につなげる。 ○焼きイモをするとき、たき火を使う場合などがあれば注意事項を申し合わせて安全に留意する。 ○焼きイモの仕方を工夫して、時間の配分がきちんとできていること。 ○生活習慣にかかわることや、遊びのいろいろなできばえを知らせに来たら、こたえる。

どうかかわるか立案しましょう。

配慮・援助	評価・反省
○ボタンかけは根気がいり、指先の器用さも必要なので、自分の力でできたときは、ほめて自信を持たせるようにする。 ○やりたくないときは無理強いせず、情緒の安定のためにも保育者がやってあげる。 ○質問に対しては、そのつどわかりやすく答えてあげるようにし、会話の楽しさも知らせる。 ○玩具をひとり占めせず、友達と遊べるようになってきたことを認め、友達と遊んでいるときは見守る。	○とても安定してきているが、確かめ行動として甘えたい気持ちを出してくるので、十分に受け入れて気持ちを安定させ、次へのステップになるようにしたことは信頼関係が深まり、良い結果となった。 ○言葉が豊かになり、友達ともうまくつき合えるようになる要素を見つけられた。言葉の豊かさが相手の気持ちをわかることにもつながり、遊びの発展にもとても重要だと感じた。 *少しわかりにくいです。* ○保育者側からの刺激の工夫をさらに続けていく。 *主観が入りはっきりしない文です。評価にはなりません。*

12月 月の

ねらい	○寒いために起きるいろいろな欲求を満たし、情緒の安定を図る。 ← 12月の養護としての大切な文案です。 ○気温や活動に応じて衣服の調節を行ない、薄着の習慣を身につけ、健康に過ごすようにする。 ○友達といっしょに遊びや生活をする楽しさを味わう。 ○視聴覚教材や絵本などを見たり、聞いたりして簡単な内容のおもしろさを楽しむ。

んだり、

11月の評価・反省に「単調にならないように…」とあって、子どもの興味をひく環境づくりを工夫したいと記されていた。その具体事項としての計画は？

内　容	環境構成
○個々の子どもの気持ちを理解し、受容することにより子どもとの信頼関係を深め、自分の気持ちを安心して、表すことができるようにする。　地域差を考慮します。 ○個々の健康状態を把握し、気温や活動に応じて衣服の着脱を促し、薄着で生活できるようにする。 ○嫌いなものでも、少しずつ食べられるようになる。 ○箸を使って食べ、使い方がだんだんじょうずになる。 ○食器を決まった場所にかたづける。 ○尿意を感じたら自分でトイレに行く。 ○寒さに負けないよう全身を使う遊びをする。 ○気の合った友達と遊べるようになり、自分から遊びの中に入っていこうとする。 ○絵本を読んでもらったり、言葉遊びをする。 ○カスタネット・鈴・タンブリンをたたいて遊ぶ。 ○年上の子が劇をするのを喜んで見る。 ○友達といっしょに簡単なごっこ遊びや表現遊びをする。 12月の内容・環境・予想される活動のどの遊びの結果、この評価になるのでしょうか。	○天候や気温に応じて暖房の調節や窓の開閉を行なう。 ○トイレの便座カバーをこまめに取り替える。　換気 ○うがいや手洗いが楽しくできるよう、手洗い場に絵をはり、楽しい雰囲気をつくっておく。 ○健康に関する簡単な絵本や紙芝居などを用意しておく。 ○箸だけでなくスプーンやフォークも用意しておく。 ○保育者が箸を使って食べる姿を見せる。 ○いろいろなごっこ遊びが展開できるように玩具や用具など、自由に取り出して使えるようにしておく。 ○いつでも遊び出せるように子どもに親しみやすい曲を選び、ＣＤデッキなどを用意しておく。 ○年上の子の活動のようすを見に行けるよう、職員会議で事前に依頼しておく。　了解を得るのも大切だがいつでも見られる環境であってほしいのです。 ○クリスマスの楽しい雰囲気が感じられる環境を整える。 ○子どもたちの夢を育むような絵本を用意する。 小さな子どもたちにもその機会をじゃまにならないように行動することをわからせます。

評価・反省	○個々の子どもの体調を考慮して、戸外に誘ったりして、心の開放や気持ちの発散をさせていける遊びへと目を向けさせたことが、トラブルの発生を少なくし、楽しめたと思う。 ○甘えたい気持ちやしてもらいたい欲求の中で自分でやろうという意欲が出るよう、自分でできたという満足感の味わえる生活を多く体験させることが、気持ちを育てるのに役立ったが、土台には保育者との信頼関係や受容の仕方を考えていくことだと気づいた。　言いたいことを整理し、文章を短く

氏名	姿	内　容
個人別月間計画　Ａちゃん	○生活習慣がきちんと身につき、自分でしようとする気持ちがある。 ○トラブルは少なくなっているが、その日の気分で甘えたい欲求も強くなることがある。 ○室内に閉じこもりがちである。 ○言葉が発達してきているので、お話を聞いたり、絵本を見るのが大好きである。 ○楽器に興味があり、喜んで自由打ちしたり、歌を歌うことが好きである。	○保育者の援助によって、自分の物の置き場所がわかる。 ○保育者に手伝ってもらいながら、衣服を自分で着たり、脱いだり、できるようになる。 ○箸を使って食べられるようにする。 ○リズムに合わせて踊り、全身を使って遊んだり、鈴・カスタネット・タンブリンなどの打楽器をたたいて遊ぶ。 11月の評価、反省に記入しているように言葉の獲得、それをつかうことで人間関係がスムーズになり、思考や想像力が豊かになっています。

※朱書きは、解説についてはゴシック系、不足していると思われることなどについては明朝系と、書体を分けて入れています

※クラス編成（4月時点で2歳の12名についてのみ）…2歳＝男子3名、3歳＝男子4名・女子5名

指導計画表

家庭との連携	○冬の生活習慣について留意してもらう。 （風邪の予防、薄着の習慣、衣服の調節や活動しやすい服装、うがい・手洗いの励行など） ○お正月休みの過ごし方について知らせる。 いつもと同じリズムで生活することは、丈夫な体作りの基本になることを理解してもらう。	行事	○クリスマス会 ○もちつき ○誕生日を祝う ○避難訓練

（手洗いの後、よく拭いておく。鼻が出たときの拭き方をわからせる。）

予想される子どもの活動

- 登園する（あいさつ・所持品の始末）。
- 排せつする（手助けをしてもらいながら紙で拭く）。
- 身の回りのことを自分でしようとする（うがい、手洗い、着脱、鼻水の始末など）。 このほかのかかわり方も工夫したいものです。
- おやつ、給食を食べる（箸を使って食べる、嫌いなものでも少しずつ食べようとする姿が見られる）。
- 昼寝をする。 毎月、同じかかわり方とは限りません。工夫したいものです。
- 保育者や友達と遊ぶ。
  - 室内遊びをする（パズル・ヒーローごっこ・絵を描く・フォークダンス・歌・楽器遊びをするなど）。
  - 戸外遊びをする（固定遊具・追いかけっこ・ボール・三輪車・日なたぼっこなど）。
- 年上の子の活動のようすを見る。
- 保育者に絵本や紙芝居・映画やＤＶＤを見せてもらう。
- クリスマス会に参加する（サンタクロースに会って驚く）。 → どうかかわるかを立案しましょう。
- 水が冷たいので手洗いをめんどうがる。

トラブルの解決への働きかけも大切ですが、2歳児の組の12月ごろのトラブルの原因としてはどんなことが多いのでしょうか？決まった子どもの間に起こるのかなどを観察したうえで解決への援助をしたいものです。要求を言葉で表し、そのうえでがまんや別の方法を考えるということをわからせる機会としたいものです。

援助活動・配慮事項

- 明るくあいさつを交わしながら個々の子どもの健康状態を把握し、異常のある場合は適切に対処する。
- 排尿の間隔の短い子や厚着で排せつしにくい子には、早めにトイレに行くように誘う。
- 保育者が手助けをしながら手の拭き方を教えていく。
- 自分でしようとする姿を温かく見守ったり、認めたりして、できないところやうまくいかないところなど援助する。 楽器を大切に扱うことを保育者の扱い方を見て、わかるようにする。
- 楽しい雰囲気の中で食事ができるよう留意し、嫌いなものも食べようという気になるよう励ます。
- 食器の持ち方、姿勢についてことばがけをする。
- 好きな曲に合わせ、簡単な音楽を自由に打ったり、振ったりして音を出せるよう知らせる。
- 遊びにスムーズに入れるよう援助する。
- トラブルの解決はお互いの気持ちを大切にして行なう。
- クリスマスの雰囲気の中で、個々の気持ちを大切にし、夢を持てるよう接する。
- 暖房設備によっては、その配置や囲いについて注意する。
- 消火器の点検をし、使い方を知っておく。

配慮・援助

- 自立心の芽生えを大切にして、適切な援助や見守り、励ましなどの言葉をかける。
- トラブルは自分ががまんばかりして解決するのでは納得できないので、言い分を聞いて、気持ちの受け止めはきちんとしてあげる。
- 体調をよく把握して戸外に誘い、体を動かすお気に入りのリズムやボール、縄などの用具をうまく使い、遊びを楽しめる援助をする。
- 友達とのかかわり合いが深まる働きかけを十分にする。

評 価・反 省 注意しましょう。

- その日の体調を十分見極めることで、気持ちの受容の度合いを変えたり、戸外での運動量を配慮することができた。 自分だけの理解です。他の人には通じません。
- 園での生活がけっこう楽しめるようになり、行事への参加も自分から楽しみにできるようになっている。
- 絵本やビデオなどお話がとても好きなので、遊んでいるときも友達とイメージを共有してごっこ遊びができるようになっているが、接する保育者も取り上げていこうとする姿勢が大切なのだと気づけた。

わかりにくいです。

1月 月 の

ねらい	○生活のリズムを整えながら、自分でしようとする気持ちを持たせていくようにする。 ○室温や衣服の調節をしたり、外気にふれさせたりし、健康な体を作るようにする。 ○寒さに負けず、元気に体を動かして遊ぶことを楽しむ。 ○保育者や友達といっしょに簡単なごっこ遊びや、言葉のやりとりを楽しむ。 ○保育者とともにお正月遊びを楽しむ。Ⓐ　　ⒶⒷⒸⒹⒺの保育の流れを見直した立案をすると、実践に役立ちます。

※朱書きは、解説についてはゴシック系、不足していると思われることなどについては明朝系と、書体を分けて入れています

内　　容	環境構成
○気温の差を考慮し、衣服の調節をしたり、天候の良い日は戸外に出て遊ぶ。 ○食事はスプーンとフォークだけでなく箸も使う。 ○トイレの使い方がじょうずになる。 ○鼻水が出たら、自分で気づいて拭く。 ○園庭や散歩に出て冬の自然現象を見たり、触ったりする。 ○戸外で追いかけっこや体を動かして遊ぶ。Ⓑ ○たこ揚げ・カルタ取りなどお正月の遊びを楽しむ。 ○遊びに必要な簡単な言葉を聞き分けたり、話したりする。 ○保育者とイメージを共有しながら見たて遊びをする。 ○簡単な楽器を使ってリズム遊びをしたり、身体表現を喜んだりする。 ○いろいろな形や色を楽しんで型押し遊びをする。 その遊びが興味あるもので、どのように楽しんだかまたは興味を持たないのはなぜだったのかと遊びを見る目を持ちましょう。	○天候や気温に応じて、暖房の調節や窓の開閉などを行なう。 ○子どもの手の届くところ、数か所にティッシュペーパーを置いておく。 ○箸がじょうずに持てない子のためにスプーンも用意する。　ここでの要求とは？ 　室内遊び、お正月遊びに必要なものでしょうか？ ○保育者が箸を正しく使う姿を見せる。 ○気持ち良く眠れるように室温調節をする。 ○要求に応じて、いつでも出せるように準備しておく。 ○正月の楽しい雰囲気が感じられる環境を整える。Ⓒ ○遊びの楽しさがわかるよう、保育者もいっしょに遊ぶ。 ○お正月遊びは子どものよく知っている身近なものを題材にし、用意しておく。 ○楽器を用意して曲を流したとき、いつでも使えるように設定しておく。 ○散歩に行くときは、気温差を考慮し、防寒着などを用意する。型押し遊びがしたくなるように、いろいろと置いておく。
評価・反省	○生活習慣の自立には個人差があるが、どの子も自分の力でやろうとする意欲は育っている。その日の気持ちの状態に左右されるが、やれたときは十分ほめることで自信にもつながっている。 簡単で2歳児なりに楽しめそうな正月遊びを設定し、保育者がいっしょに遊んであげることで、繰り返し遊ぶことを喜んだ。遊びを通して、友達と遊ぶ楽しさも味わえていたが、興味のない子とある子の差は大きい。日常の生活や遊びに対する興味度の育ちが大きいと思う。

氏　名	姿	内　容
個人別月間計画 Aちゃん	○生活面ではほとんど手がかからない。 ○小さい子の世話をやいたりして、優しい面を見せている。 ○食器の使い方、箸の使い方はじょうずだが野菜が苦手なので、食べ残しが多い。 ○反抗期に入ったのか、気に入らないことがあるとすぐかんしゃくを起こして泣いたり、寝転がって怒ったりする。	○自分の物と人の物の区別がわかり、自分の物を使う。 ○保育者に励まされて、嫌いなものでも少しずつ食べられるようにする。 ○保育者の手助けによって鼻をかむ。 ○戸外に出て追いかけっこや簡単な鬼ごっこをする。 ○簡単なお正月の遊びを楽しむ。 3歳児近くになると教育に関する内容が多く立案されると思います。 また、地域によっては（寒い・暖かいなど）差があります。留意をしたいものです。

※クラス編成（4月時点で2歳の12名についてのみ）…2歳＝男子2名、3歳＝男子5名・女子5名

指導計画表

家庭との連携	○休み明けは体調を崩しやすいので、子どもたちの健康に十分配慮し、健康管理をしてもらう。 ○年末年始の休み明け、登園時に親から離れるのを嫌がる。	行事	○もちい団子作り ○避難訓練 ○誕生日を祝う

予想される子どもの活動

- 登園する（あいさつ・所持品の始末）。
- 排せつする（手助けしてもらいながら紙で拭く）。
- 身の回りのことを自分でする（うがい、手洗い、着脱、鼻水の始末など）。
- 給食、おやつを食べる。 ○年上の子どもたちと食事する。
- 箸を使って食べようとする。
- 昼寝をする。
- 保育者や友達と遊ぶ。 ○言葉のやりとりをする。
  室内遊びをする（ままごと・ブロック・穴通し・楽器で遊ぶ・パズル・シールはり・絵を描く・広告遊びなど）。
- お正月遊びをする（カード取り・たこ作り・カルタ取り・スタンプなど）。
- 戸外遊びをする（たこ揚げのようすを見る・作ったたこを持って走る・固定遊具・砂場・簡単な鬼ごっこをする・三輪車・スケーターに乗るなど）。
- 散歩する。

年上の子どもたちといっしょに歩くなど、園外のさまざまな環境に対して、どのようにかかわるかを毎月少しずつ工夫したいものです。

援助活動・配慮事項

- 排尿の間隔が短い子や厚着で排せつしにくい子には、トイレに行くよう早めに誘う。
- 自分でしようとする姿を温かく見守ったり、認めたりし、できないところやうまくいかないところなどを援助する。 ○保育者が子ども同士の言葉の取りつぎをする。
  ○子どもが言おうとしていることを汲み取って最後まで聞く。
- 排せつができたらいっしょに喜び、自信につなげる。
- 個々のようすを見て、無理せずにスプーンを併用しながら箸に興味を持たせていく。
- 箸をじょうずに持てない子には、保育者がいっしょに使ってみせたり、友達の持ち方を見せたり、ままごと遊びなどで箸を使ったりする機会を多くつくる。
- 好きな遊びや友達遊びが楽しめるよう見守る。
- 正月の遊びの楽しさがわかるように保育者もいっしょに遊ぶ。
- 保育者が自然の変化に敏感に反応し、発見したり、感動したことを素直に子どもに伝える。
- 共通のイメージを持って遊べるよう仲立ちとなる。

もっと早い時期にままごと遊びで、箸とつまみやすいちぎったスポンジなどを用意しておき、自由に、自発的に遊べる環境をつくっておくとよかったのでは？
じょうずにしようと思わせないで、箸を使ってみようとする意欲を持たせたいものです。

配慮・援助

- 成長の自覚が持てるように、簡単な約束事を守らせたり、保育者の手伝いを頼んだり、自分でできる身の回りのことは自分でするように励ます。
- 野菜の役割などを話したり、食べると元気が出ることも知らせ、少しずつでも口に運ぶ気にさせ、食べたときは十分にほめ、うれしさを感じさせる。
- 遊びのルールをわかるように説明したり、数人で遊ぶときにはがまんも必要なことを伝える。

話したり、説明したり、伝える方法で子どもたちにわからせようとするのもひとつの方法ですが、未満児なので遊ばせながら援助してはどうでしょうか？

評価・反省

- 同年齢ばかりのかかわりから、ほかの年齢とのかかわりを求めて、室内から連れ出し、いろいろな体験を試みて刺激とし、気持ちの転換をしていくことでイライラがおさまるようだった。自分の成長に気づかせて自信を持たせることは大切なことだと気づけた。
- いろいろなものを口にできる機会をつくり、味に慣れていけるようにしたり、残したいという気持ちを受け入れたりし、気分の変化をすることも大切だと感じた。

具体性に欠けるような気がします。

お正月の遊びの中にもその機会がありそうです。

2月 月の

冬の時期として養護と教育の大切な立案と言えます。

ねらい	○保育者との安定した信頼関係のもとで、食事、排せつなど、簡単な身の回りのことを自分でするようにする。 ○暖かく清潔な環境をつくり、気持ち良く生活できるようにする。 ○寒さに負けず、元気に体を動かして遊ぶことを楽しむ。 ○簡単なごっこ遊びや表現遊びを友達といっしょに楽しむ。 ○生活や遊びの中で言葉のやりとりを楽しむ。

1月の評価、反省にも取り上げていますが、基本的生活習慣の自立への問題を2月のねらいにあげ、より確かなものへ導こうとする考えです。

結びつきとして考えます。

※朱書きは、解説についてはゴシック系、不足していると思われることなどについては明朝系と、書体を分けて入れています

内　　容	環境構成
○自分のやれることは自分の力でなるべくし、自信が持てるようにする。 ○外気との温度差を考慮して、室内の暖房、換気を行ない、保健的で安全な環境の中で生活する。 ○戸外でいろいろな遊具を使って十分に体を動かす。 ○簡単なわらべ歌やおしくらまんじゅうなどの集団遊びをする。 ○鬼ごっこやごっこ遊びなどを、保育者や友達といっしょに遊ぶ中で言葉のやりとりをしながらする。 ○節分についての話を聞いたり、鬼遊びや豆まきをする。 ○お話を聞いて、保育者や友達といろいろな方法で表現遊びをする。 ○お面を作ったり、作ったものを使って保育者や友達と遊ぶ。	○換気を十分に行ない、気温に合わせて暖房を入れる。 ○気持ち良く排せつができるように、便座カバーや足元マットを用意しておく。 ○身の回りのことが自分でできるように必要なものはわかりやすいところに置く（ティッシュペーパー、タオルなど）。子どもの発達にふさわしい環境構成を押さえた文です。 ○子どもの経験に合わせて使えるよう、箸とスプーンの両方を用意しておく。 ○保育者が歯磨きする姿を見せ、音楽をかけたりして、楽しい雰囲気をつくる。 ○衣服の裏表やたたむことに興味を持つよう、保育者がたたんで見せる。　○絵本を置く。 　○お話がいつでもできるように準備しておく。 ○いろいろなごっこ遊びができるように、段ボールや玩具・エプロン・お面などを自由に取り出せるようにしておく。 ○ハサミ・セロハンテープ・のり・紙・新聞紙などの製作用具や材料を身近なところに用意しておく。 ○鬼の面・ペープサート・的当てなどを用意しておく。

2月に歯磨きを取り上げる理由は？　保育者が黙って毎日実行していたのをやっと気づき、自分もすると言い出したのか？　節分の堅い豆を食べるための丈夫な歯に興味を持たせては？
虫歯がいっぱいある泣き虫鬼さんのお話を楽しむとか。

評価・反省	○生活の習慣について個人差を考慮して個別に援助したことで、個々のやろうとする気持ちを高められた。 ○節分の持ち方などは、当日だけでなく、遊びとして取り上げて毎日遊んだことで、鬼ごっこや豆まきごっこは楽しみのひとつとなり、節分当日の豆拾いはとてもスムーズにでき、どの子も楽しめた。豆まきごっこが、簡単な言葉のやり取りを楽しむ劇で繰り返し遊ぶきっかけとなった。行事の持ち方を保育者が十分話し合うことが大切。

	氏　名	姿	内　　容
個人別月間計画	Aちゃん	○歯磨きが大好きになり、食後を楽しみにしている。 ○手を洗ったり、歯を磨いたりするときに、服の袖口をよく濡らしてしまう。 ○劇ごっこや豆まきごっこをとても喜び、友達との会話も弾んでいる。 ○友達や保育者のしていることに敏感に反応し、少しずつ取り込もうとする。	○保育者に見守られて、食後の歯磨きをする。 ○繰り返しのある言葉や模倣的表現を楽しむ。 ○自分で食事しようとする気持ちを持たせ、嫌いな物でも少しずつ食べられるようにする。

※クラス編成（4月時点で2歳の12名についてのみ）…2歳＝男子2名、3歳＝男子5名・女子5名

指導計画表

家庭との連携	○寒くなり、用便に行く回数が多くなるので着脱しやすい衣服にしてもらう。 自分でできるときや、やろうとしていることばかりを記入すると援助・配慮が幅広く立案できないことになります。かかわり方を幅広く予想することで個々を大切にした立案になります。	行事	○豆まき会 ○一日入園 ○身体測定 ○誕生日を祝う ○避難訓練

予想される子どもの活動

- ○登園する（あいさつ・所持品の始末）。
- ○排せつする（用便後紙で拭く、手を洗う）。
- ○身の回りのことを自分でする（うがい、手洗い、着脱、鼻水の始末など）。
- ○給食、おやつを食べる（箸を使って食べようとする）。
- ○うがい、歯磨きをする。
- ○昼寝をする（衣服をたたもうとする）。
- ○保育者や友達と遊ぶ。
- ○室内遊びをする（ままごと・ブロック・人形遊び・絵本・的当て・豆まきごっこ・マイクで歌う・劇遊びなど）。
- ○戸外遊びをする（固定遊具・三輪車・ボール・カッポン・簡単な鬼ごっこ・かくれんぼう・砂場・スケーターなど）。　 を決められたところへ
- ○玩具のかたづけをする。　　見直したい言葉です。
- ○豆まき会に参加する（豆を拾う、豆を食べる）。
  このような文を工夫しましょう。

○簡単な童話や絵本の物語りを「劇ごっこ」にして遊ぶ。
○絵本は年がら年中同じものでなく、内容（遊び・行事・季節・好きなもの）を考えて入れ替え置いておく。

援助活動・配慮事項

- ○排せつ後の始末の仕方をそのつど個々に知らせ、紙で拭くことや手を洗うことなど習慣づけていく。
- ○手の荒れている子には、時々、ハンドクリームを塗ってあげる。　洗った後、よく拭いてやり、
- ○保育者もいっしょに歯を磨いたり、個々に磨き方をわかりやすく知らせる。
- ○自分で磨けたことをほめながら、磨き直しをしておく。
- ○個々にかかわりながら、衣服のたたみ方をわかりやすい言葉で教える。
- ○片寄った鬼のイメージで恐がらせないように配慮する。○拾った豆を食べてしまうことがあるので注意する。
- ○豆を拾えるように、毎日、豆まきごっこを楽しませる。
- ○豆を食べるとき、のどにつめないよう十分注意する。
- ○保育者も仲間に入り、個々の子どもの言葉を受け止めながらごっこ遊びを盛り上げていく。
- ○無理なく会に参加できるよう、配慮する。
  よくかんで食べるように

素話の必要を学んで、いつでも要求に応えてお話ができるようにしておく。
○人形などを相手に「ひとりごと」を言いながら自分の仲間のように遊ぶのでじゃましない。
寒いときは冷たさで指先や体の動きがにぶっていて危険なことがあるので注意する。

配慮・援助

- ○歯を自分で磨いた後、保育者が点検してあげるようにしながら、うまく磨けたことを伝える。
- ○水を使うときは、袖口をまくり上げるようにしてあげたり、自分でもそうするといいことを知らせる。
- ○遊びや言葉に反応を示すので、発展していける環境づくりを心がけ、十分楽しめるよう援助する。
- ○自分から野菜を口にしている場面を見たら十分ほめて、気分を良くしてもっと意欲が出るよう配慮する。

このような具体的な記入が次にAちゃんを担当するとき参考になります。

評価・反省

- ○歯を磨くことが好きなので、これをきっかけに、自分でやろうとする気持ちがより深まり、歯磨きを入れたことはとても良かった。ひとつの活動をきっかけに、子どもが変わることを忘れずに、入れるタイミングを十分見極めることが大切である。
- ○豆まきごっこや劇ごっこをとても喜び、表情も明るくなり、言葉の豊かさは生活を支える柱となっていることがよくわかる。日常の生活を表現の内容と結びつけていくことがAちゃんの成長にとても役立っていることがわかる。

Aちゃんの良さを認め、受け入れる保育が発達の助長にプラスになっている記入例です。

3月 月の

ねらい
○生活にゆとりを持ち、自分でやろうとする気持ちを尊重し、安定して生活できるようにする。
○戸外でのびのびと遊び、健康で快適な生活ができるようにする。
○友達とのつながりを広げ、みんなで遊ぶことを楽しむ。
○成長の喜びを感じ、進級や次の活動への意欲を高める。

1年間のまとめとして、このクラスで自分は愛され、そして大きくなったという喜びを味わうためには大切な立案です。

※朱書きは、解説についてはゴシック系、不足していると思われることなどについては明朝系と、書体を分けて入れています

内　　容	環　境　構　成
○個々の子どもの考え方、気持ちを理解し、受容して保育者との信頼関係を持つ。 ○箸・フォーク・スプーンを併用して、残さずじょうずに食べる。 ○自分からトイレに行って排せつする。 ○ひとりで衣服の着脱をしたり、友達の着替えを手伝ったりする。 ○昼寝の前に手足、顔をきれいに洗って着替えをする。 ○その日の気温に合わせ、個々に応じた衣服の調節に気を配り、戸外遊びを楽しむ。 ○戸外や室内で簡単なルールのあるゲーム遊びをする。 ○リズム遊び、表現遊び、サーキット遊びなど、全身を使った遊びをする。や劇遊びをする。 ○散歩をする中で春の訪れを知る。 ○ひな祭り・お別れ会・卒園式などの行事に参加する。 ○年上の子と遊ぶ機会を多く持ち、進級に期待する。 節分の遊びが劇遊びのきっかけとなった。Aちゃんも劇ごっこを喜んだ…と2月の評価がある。より積極的に取り組むように内容に劇遊びを組んでおく。	○3歳児のトイレを見に行ったり、無理のない程度に使用する機会をつくる。 ○タオルは使いやすい位置に置く。 ○箸・スプーンの両方を用意しておく。 ○歯磨きがしやすいような場を設定し、楽しくできるような曲を流す。 ○気温に応じて室内の温度調節をする。 ○春の日差しを受けて遊べるように、暖かい日には日なたコーナーを設けておく。 ○色を塗ったり、絵を描いたりしやすいように、コーナーづくりや教材を用意する。用具や用紙？ ○3歳児のクラスでも安心して過ごせるようにいっしょに遊ぶ機会を増やしていく。 ○ひな人形を飾ったり、曲を流したりして、ひな祭りの雰囲気づくりをする。このような立案が大切です。 ○散歩や園外保育では前もって下見し、春の訪れが感じられる道を選ぶ。

評価・反省
○ひとりひとりが園生活に慣れ、気楽に登園して来られるようになり、仲の良い子もできて、園生活を楽しむことができた。
○ひとりひとりの子どもの、その時々の要求に答えられるよう、十分に保育者同士も話し合って保育に当たることができたため、それなりの発達は見られた。
○遊ぶための環境づくりは常にし、時には流行のキャラクターを取り入れることが、園への親しみを持てる一要素と言える。

個人別月間計画

氏　名	姿	内　容
Aちゃん	○1年間の園生活の経験を通して、とても安定してきた。 今は、とても気楽に生活し、自分らしさを発揮している。 ○生活習慣の自立はほぼでき、気の合った友達もでき、好きな遊びを見つけてよく遊べる。 ○運動量が少ないので、やや太り気味になっている。	○甘えたい気持ちを受容し、信頼関係を深め、安心して自己を十分表現する。 ○年上の子と遊びながら、進級への期待をする。 ○自分でできないところだけ手伝ってもらって、身の回りのことは自分でする。 ○保育者や友達といっしょに戸外で鬼ごっこや追いかけこをし、体を十分動かす。 この月案の中では、家族構成などがわかりませんが1年間保育をする中で下に弟や妹が産まれて甘えるときもあると思います。内容欄で参考になる場合は補っておきたいものです。

※クラス編成（4月時点で2歳の12名についてのみ）…2歳=男子1名、3歳=男子6名・女子5名

指導計画表

家庭との連携	○子どもの成長のようすを伝え、進級に対する不安を取り除き、さらに安定した生活が送れるよう、連絡を取り合う。 ○1年間、楽しく遊べたことを喜び、家庭の協力への感謝の気持ちを伝える。	行事	○ひな祭り ○誕生日を祝う ○避難訓練 ○修了式 排せつ後の始末が、自分でできるよう手助けをする。

予想される子どもの活動	援助活動・配慮事項
○登園する（あいさつをする、所持品の始末をする）。 ○排せつをする（3歳児用のトイレへ行き、排せつする）。 ○身の回りのことを自分でする（うがい・手洗い・着脱・鼻水の始末など）。 ○給食・おやつを食べる（箸を使う、歯磨き）。 ○昼寝をする（衣服をたたもうとする）。 ○保育者や友達と遊ぶ。 　室内遊びをする（ままごと・ブロック・色塗り・折り紙・人形遊び・豆まきごっこ・ハサミ・のりづけ遊びなど）。 　戸外遊びをする（固定遊具・三輪車・砂場・ボール・かくれんぼう・鬼ごっこなど）。 ○玩具のかたづけをする。　自分で進んでしようとする。 ○ひな人形を見る。ひな祭りを知る（踊り・歌）。 ○散歩に行く。 ○修了式に参加する。　3月には園外の環境にどのようにかかわるかを記入したいものです。	○保育者もいっしょに行き、今までのトイレとの違いを知らせながら、徐々に3歳児のトイレに慣れさせていく。 ○きれいになると気持ちが良いことがわかり、汚れたら自分から手洗いをするよう促す。 ○自分でしようとする気持ちを大切にし、できないところは必要に応じて手伝う。 ○子どもの遊ぶようすをよく見て、ほめたり、助言したりする中で、子ども同士がかかわっていける配慮する。○歯ブラシの衛生、清潔に注意して管理する。 ○保育者も仲間に入り、個々の子どもの言葉を受け止めながら、ごっこ遊びを盛り上げていく。 ○子どもが描いたり、作ったり、はったりしたものに共感し、認めて作ることの意欲を育てる。 ○本物のおひなさまを見せたり、曲を聴かせたりしながら言葉をかけ、ひな祭りの雰囲気を味わわせる。 ○進級することへの期待を持たせ、無理なく参加できるよう配慮する。（言葉が豊かになってきているので）
○約束を守ろうとする。 ○生活や遊びの中で歌ったり、音楽に合わせて体を動かして楽しむ。 ○進級を喜び、得意そうにする。 ○移り変わる自然に気づき、身近な友人に知らせる。	1年間をかえりみて、基本的生活習慣の自律のようすに合った援助を続ける。 できるできないは別にして……をしよう……するつもりとの思いを持って行動しようとする。 保育者を手伝い、役に立つ喜びや誇りを抱くようになってきていることに気づいてあげる。

配慮・援助	評価・反省
○安定した気持ちを大切にし、進級への期待を持たせていく。ひとりひとりの発達を押さえるとこのような立案、実践です。 ○3歳児の保育室に時々遊びに行かせてもらい、部屋の雰囲気にも慣れさせておく。 ○生活習慣の再点検をしながら、自分の力でやろうとする気持ちを認める。　4月の保育につながります。 ○気候もよくなってきたので、運動量を多めにしたり、喜んでできそうな運動遊びに誘う。 肥満については単純な原因だろうと考えられるがほかに疾病による肥満もあるので園医の指導を受ける。	○保育者との関係が密接だったことが、情緒を安定させ、多くの面を成長発達させたと思う。 ○現在は、非常に安定しており、活発に遊びにも取り組めている。　このように根拠を明確にした行動が大切です。 ○言葉の豊かさが生活の豊かさにもつながり、友達関係を深める要素となり、自信や意欲も身についてきた。 ○今後の課題は運動する楽しさを伝え、足、腰を強くすることだと思う。 Aちゃんについてはもちろんだが、ひとりひとりの子どもの記録を正しくし、3歳児の指導計画などの作成の資料とする。

3歳以上児への移行について

※乳児期から幼児期へと移行する2歳後半から3歳はじめにかけては養護とともに特に教育的なねらい・内容をたてていく必要が生じます。そのあたりを読みとってください（4月の例）。

ねらいにふさわしい環境として大切な立案と言えます。

ねらい		○家庭的な環境の中で、個々の子どもの欲求を十分に満たし、情緒の安定を図る。 ○ひとりひとりを十分に受け入れ、安全に生活できるよう生活の仕方を知らせる。（にする） ○保育者に親しみ、好きな遊びを楽しむ。 ○生活の仕方を知り、自分でできることの喜びを味わう。 →進級した4月当初の「ねらい」。	
内容	養護	○ひとりひとりの気持ちを十分受け入れ、スキンシップやことばがけを多くし、安心して生活できるようにする。 ○保育者がそばにいることで気持ちを安定させ、生活の流れや簡単な決まりを知らせる。 ○子どもの成育歴や生活実態を把握して、個々を受容する。	**環境構成** ○トイレ、手洗い場などにかわいい絵などをはり、楽しい雰囲気づくりをする。 ○昼寝室は子どもが不安を持たない程度の暗さにする。 ○安全に遊ぶことができるよう遊具の点検をし、遊びやすいよう設定しておく。 ○明るい笑顔で声をかけ、手をつないだり、抱いたりして親しみやすい雰囲気づくりをする。
	健康	○食事、用便、手洗い、昼寝などの仕方を知り、自分でやろうとする。 ○園庭や保育室にある遊具や用具に興味を持ち、保育者といっしょに遊ぶ。	
	人間関係	○保育者に親しみを持ち、いっしょに遊ぶ。 ○年上の子の遊びを見たり、遊んでもらって楽しむ。	○年上の子の遊びを見たり、遊んでもらう機会をつくる。 ○家庭的な雰囲気で遊べるような設定をしておく。
	環境	○園内のようすを知り、新しい環境に慣れる。 ○小動物や植物を見たり、それに触れたりして楽しむ。	○わかりやすくかわいいマークをつけ、親しみやすい環境にしておく。 ○飼育物を見やすいところに置いたり、草花を自由に見たり、摘んだりできる場を用意する。
	言葉	○あいさつや返事をしようとする。 ○したいこと、して欲しいことを言葉や態度で保育者に伝えようとする。 ○保育者に絵本や紙芝居を読んでもらって喜ぶ。	○保育者がその場に応じたあいさつや言葉をつかう姿を見せる。 ○親しみやすい内容の絵本を用意し、いつでも見られるようにしておく。
	表現	○保育者といっしょに手遊びをしたり、歌をうたったりする。 ○身近な素材を使って描いたり、感触を味わって遊ぶ。	○楽しい雰囲気の中で保育者が親しみのある歌をうたったり、手遊びをする姿を見せる。 ○材料や用具は、いつも使いやすく設定を工夫し、保育者が楽しそうに遊んでみせる。

2歳の組の担任が1年間の保育経過、保育日誌、個人記録、家庭との連絡ノート、児童票、健康に関する記録などを整理して3歳の組の担任に引きつぐのがよいでしょう。

2歳の6月に保育参観があるだけで、保護者との懇談などが計画のうえでは少ないように思う。
連絡ノート、園だより、クラスだよりの発行も計画に加えては？

家庭との連携	○子どもの癖や特徴や心配な点について知らせてもらったり、園のようすを話したりする。 ○着脱しやすい衣服を着せてもらうよう依頼する。 ○所持品には、すべて記名してもらう。	行事	○入園式 ○新入園児歓迎会 ○誕生会 → 2歳の1年間は「誕生日を祝う」となっていたが。 ○避難訓練 ○交通訓練

移行する子どもたちへの家庭へは違う内容では？

予想される活動

- 給食やおやつをとる。
- 昼寝をする。
- 手伝ってもらって着替えをする。
- トイレへ行き、用便をする。
- 手洗いをする。
- 好きな遊びをする。
  （室内－ままごと・ブロック）
  （戸外－固定遊具・三輪車・砂場遊び）
- 保育者といっしょに遊ぶ。
- 年上の子の遊びを見たり、遊んでもらったりする。
  （わらべうた遊び・追いかけっこなど）
- 園内のいろいろな場所を知る。
  （保育室・トイレ・給食室・職員室・そのほか危険場所など）
- 小動物を見る。
  （ニワトリ・ウサギ・モルモット・小鳥・アヒルなど）
- いろいろな花を見たり、摘んだりする。
  （サクラ・チューリップ・タンポポ・レンゲなど）
- あいさつをする。
  （おはよう・さようなら・いただきますなど）
- 名前を呼ばれたら返事をする。
- したいこと、してほしいことなどを保育者に伝える。
- 絵本や紙芝居を見たり聞いたりする。
- 保育者といっしょに歌をうたったり、手遊びをする。
- 身近な素材で遊ぶ。
  （好きな絵を描く・小麦粉粘土で遊ぶなど）

指導したい、体験させたい内容に近い文です。工夫したいものです。

このほかに、あいさつのとき、どう反応したり、名前を呼ばれても返事をしないときの態度を工夫して立案したいものです。
保育者が援助、助言をするのはもちろんです。保育者自身がモデであることを自覚しましょう。

保育者の援助および留意点

- ひとりひとりの状態に応じて援助し、安心感を持たせ、自分でやろうとする気持ちを持たせていく。
- 昼寝を嫌がる子は徐々に慣れさせるようにし、無理はさせないようにする。
- 固定遊具の使い方を知らせ、危険のないように見守ったり遊びに誘いかけたりしながら、安心して遊べるように配慮する。
- 保育者もいっしょに遊びながら個々の子どもの状態をよく見て、適切に援助をする。
- 年上の子とうまくかかわれるよう保育者が仲立ちとなり、いっしょに遊ぶ。
- 嫌がる子は無理に誘わないようにする。
- 個人差を把握し、その子に合った援助をする。
- 年上の子が世話をしているようすを見せたり、いっしょにエサをやったり、触ったりして気持ちを和ませる。

3歳児ひとりひとりが自分が受け入れられていると感じる保育をするために、大切な記入と言えます。

- 子どもたちといっしょに草花を見たり、摘んだりしてその美しさに共感する。
- 安心して話せる保育者から優しく接し、ひとりひとりへのことばがけや応答に配慮する。
- 子どもの要求に応じて保育者が繰り返し読み、親しみが持てるように接する（絵本など）。
- 子どものようすを見ながら、ゆっくり語りかけ、話のおもしろさがわかるように伝える。
- 知っている歌やなじみの歌や手遊びをして、気持ちを和ませる。
- 気楽に描いたりこねたりし、楽しめる配慮をする。
- 子どもが生活している姿が表面に表れているところとともに、内面を見ることを大切にし、見落とすことがないように留意する。
- 子どもの中に、今、何が育ちつつあるか、欲求や興味の在り方、心情、意欲、態度の面から実態を把握する。

基本的生活習慣の自立ができ、身の回りの処理に不安がない子どもは環境の変化への適応に困難がないものです。

4月当初、指導計画を作成するのは2歳の1年間を子どもと生活してきた担任保育者で、新しい担任が自分の能力に合ったものに調整していく方法をとると（持ち上がりであっても）、新入園児を迎え、ゴタゴタのときを少しは余裕を持って過ごせるのでは？

参考 別様式例

ねらい
子どもが生き生きした生活を送るために保育者が行なわなければならない事項やその月の成長を、一般的な子どもの姿を予想し、養護と教育を一体化して書きます。

行事
その月の保育に取り入れたい行事です。

内容
ねらいを達成するための保育者の子どもへのかかわりを書きます。

援助・配慮
「ねらい」を達成するために保育者が子どもに行なう具体的なかかわり（援助と配慮）です。身につけたい生活習慣をはじめ、遊び・食育・排せつ・睡眠・健康・着脱・清潔に関する事柄を書きます。

環境と安全
乳児は生活能力が低いので100％保護されなければなりません。保育者は子どもを危険から守り、安全管理を徹底しなければなりません。日々のようすをチェックし、書き留めましょう。

家庭との連携
指針に必要な事項として取り上げられている「家庭支援」の項目です。園は家庭環境の理解に努め、家庭には園の子どものようすを伝えます。子育てをサポートするための重要な意味を持つ「ねらい」です。

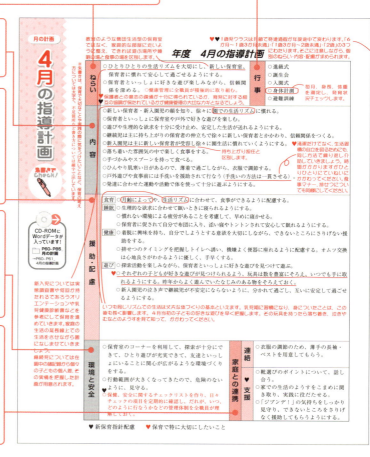

月の計画

各園でさまざまな指導計画の様式があると思います。
まったく別の様式として、参考例をあげておきます。

子どもの姿
月齢の違う子どもの個々の姿を書きます。

ねらい
各月の子どもの成長を見通して、それぞれの子どもたちが生き生きとした生活を送るために保育者が行なわなければならない事項や身につけたい生活習慣など養護の面から考えて書きます。

クラス編成について
クラスの構成人数・継続児・新入園児・月齢の別を書きます。

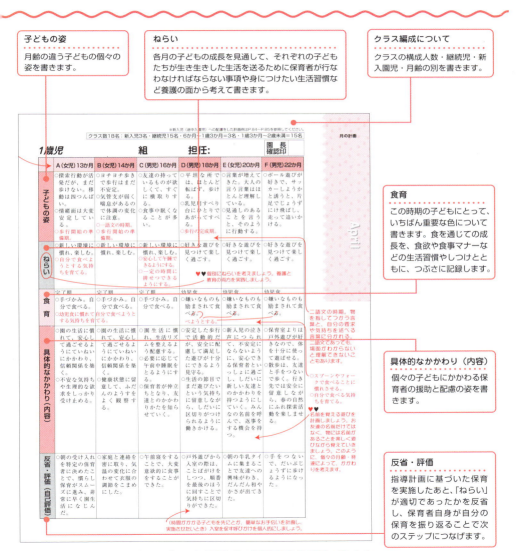

食育
この時期の子どもにとって、いちばん重要な色について書きます。食を通じての成長を、食欲や食事マナーなどの生活習慣やしつけとともに、つぶさに記録します。

具体的なかかわり（内容）
個々の子どもにかかわる保育者の援助と配慮の姿を書きます。

反省・評価
指導計画に基づいた保育を実施したあと、「ねらい」が適切であったかを反省し、保育者自身が自分の保育を振り返ることで次のステップにつなげます。

朱書き：保育をするうえで大切なポイントや記入すべき事柄を朱色で表しています。
実際に作成する場合の参考にしてください。

一日の保育の流れ（デイリープログラム）の考え方

●保育者の養護活動を細かく記す

　一日の保育の流れは保育所で過ごす一日を時間を追って作られています。子どもの年齢や季節を考え、登所から始まり、遊びや生活習慣にかかわることなど生活の流れを軸に作成されます。日案とは別のものです。

　乳児の場合、生理的欲求を充足することで健康を保ち、情緒を安定させることが最優先されなければなりません。毎日繰り返される子どもの生活に対しての保育者の養護活動を細かく示したもので、乳児の睡眠のリズムやその時間の配分、授乳や離乳食の回数、オムツ交換、入浴、散歩など、個人個人の月齢に合った生活の流れを用意しなければなりません。

●個人差を配慮したプログラムに

　ひとりひとりの発達の状態や個人差を考え、その生活リズムに応じて作られた流れが保育の柱といっていいほど重要です。忙しいから計画が立てられないというのではなく、きちんとした計画が作成されていれば、落ち着いて保育が進められ、保育効果が高められるものです。

　毎日繰り返される子どもの生活に対して、保育者の養護活動を細かく示していますが、「保育者が子どもを管理する」ためのものであったり、「子どもにさせる時間割」にならないように留意したいものです。また保育者の活動は機械的であってはなりません。

　養護にかかわる事がらは子どもと保育者がうまくかみ合わないと仕事がはかどらず、忙しい思いだけで仕事がから回りの状態になったり、急に手持ち無沙汰になったりします。それは子どもを落ち着かなくさせ、生活の流れを悪くします。月齢ごとに保育の流れを必要とし、2本立て、3本立てで保育を進めなければなりません。

●保育者の業務分担を明確に

　保育の流れに沿って必要な業務を手落ちなく進めていくために、複数の保育者のそれぞれの業務分担を明確にし、チームワークを密にする必要があります。子どもの活動、生活に対する配慮も含めて保育者のするべきことを明確にする必要があるのです。しかもそのことについて全員が共通の理解をしなければ、保育の一貫性は望めないこととなります。

　月齢別の流れを進めていくとき、養護にかかわる内容を一斉に取り組ませるのではなく、順次事を運び、子どもが待たされることがないように、遊びの時間をつくる工夫をしましょう。目覚めていれば玩具であやしたり、歌をうたってもらったり、抱かれて散歩を楽しんだりなどの、月齢に合ったさまざまな働きかけは毎日、繰り返し行なわれているもので、保育者との人間関係を楽しみ、満足したり、探索意欲を刺激

一日の保育の流れ

され、物の認知や言葉の獲得が進みます。

●生活の流れに沿って日々反復を

　子どもの発達の特徴やひとりひとりの発達の課題を知り、その子の個性や傾向を把握して日課の調整をしなければなりません。低年齢であるほど、その発達の状態に個人差があります。このことに配慮して食事時間を中心に、遊びや睡眠の時間が組まれ、その間に排せつ、沐浴、日光浴、散歩など大事な行為がリズミカルに交錯するような流れが必要とされます。

　年齢が低いほど保護の中の生活であって、大人の養護による繰り返しの中での生活で、そのような流れから遊びの時間が増えて、子どもの生活が前面に出てくる1歳児、2歳児の保育はそれぞれに1本立てですむようになります。子どもに愛情を持ってかかわりながら、子どもの欲求や表現を受け止めてやります。

　生活の流れに沿って日々反復することで、身についていく生活習慣を明らかにし、散歩、日光浴、外気浴なども取り入れていくことが必要です。

　保育は子どもを取り巻く多くの職員によって行なわれます。担任が直接子どもにかかわるとしても、そのほかの職員にも理解され、努力のしやすい保育であることが望まれます。

　特に健康面の管理に関係する保健師、看護師、食事に関しては栄養士・調理職員などに十分に理解されなくては、子どもの望ましい発達は考えられません。

　保護者の理解と協力を得て、無理のない生活リズムを整えていきたいものです。規則正しい繰り返しが心の安定を生み、活動の充足、情緒の安定となり、安全な生活につながります。

　保育に弾力性、柔軟性を持ちながら、しかし動かしてはならないことは守って生活していきたいと思います。

　また、備考欄を利用して保育者が共通理解し、心得ておかねばならないことを記せば、不安なく、自信を持って保育ができるのではないでしょうか。

1日の始まりとして2歳児の個々に対して、自分は受け入れられている、愛されていると感じるような保育にしたいものです。

2歳 一日の保育の流れ

※朱書きは、解説についてはゴシック系、不足していると思われることなどについては明朝系と、書体を分けて入れています

時間	子どもの生活	保育者の養護・援助活動	備考
8:00 8:30	登園 早朝 受け入れ 順次登園 ↓ 遊び	○一日の保育の始まりなので、笑顔で気持ち良く迎える。 ○健康観察を十分にし、健康状態を把握し、異常のあるときは早めに対処する。　全員の保育者が共通にとらえる目を持ちたいものです。 ○不安な気持ちを察し、スキンシップを心がける。 ○所持品の始末を保護者や保育者といっしょにする。 ○家庭で呼ばれている愛称で呼びかける。　自分は保育者から愛されていると感じる大切な保育です。 ○スキンシップを心がけ、いっしょに遊びながら気持ちの安定を図る。 ○ひとりひとりの遊びを見守りながら、喜びそうな遊びへ誘う。 ○個々の遊ぶようすを把握し、遊べない子どもには保育者が仲立ちしながら、楽しめるように援助する。 ○安全に気を配り、室内外で元気に遊べるよう見守る。 ○楽しくおしゃべりしながらオムツを替えたり、トイレで排せつする。 ○早出当番のする環境整備などは、子どもが登園してきたときには終えておく。 複数の保育者で見るとき、共通の保育ができるために話し合いたいものです。 オムツの取りはずしを急ぐことはないが、昼寝のときだけにするなどのことを試みる。入園当初、園のトイレを嫌がることがあるので注意してみる。	○早番など、担当以外の保育者が受け止めるので必要な連絡を確実に伝える手立てを決めておく。（連絡カード） ○保護者とも明るくあいさつを交わし、安心して勤めに出られるように送り出す。 ○新入園児の母親の不安を、まず取り除くように働きかける。 ○普段の子どもの姿がしっかり把握できていれば、異常に気づきやすい。 ○感染症の初期の症状を知っておく。 ○感染症を経験していない子どもをリストアップしておき、早期発見・早期治療の手助けとする。 ○流感のきざしなどについて、情報を早くキャッチし、保護者に注意を促す。 ○異常ありのときに備え緊急連絡表を作り、担任以外の者にもわかるようにしておく。

時間	子どもの生活	保育者の養護・援助活動	備考
10:00	おやつ	○手を洗ったり、お手拭きで拭けるよう援助する。 ○座って配膳を持てるようことばがけをする。 ○喜んで食べられる献立を考える。	○トイレや手洗い場などの清潔、明るさ、安全などの心配りをする。
	遊 び	○歌や手遊びなど子どもが喜びそうなものをする。 ○心身共に開放感を味わって遊べるよう援助する。 ○いろいろな遊具に誘い、自分からしてみようとする気持ちを大切にする。や絵本など ○自由な行動を見守りながら、自然物に触れる喜びや関心を持たせていく。○子どもの発見や驚きを見逃さないで共感する。 ○個々の気持ちを受け止めて、要求に応えられるようにする。 ○転んだり、すりむいたときは薬をつけてあげる。 ○気温や運動量により、衣服の調節ができる援助をする。 2歳児としての養護の基本のひとつです。 ○シャワーを使ったり、湯で体の清拭をする。 ○散歩に出かけても生活のリズムがこわれないように注意する。 ○遊びを思う存分楽しませるためにも、遊具、玩具、教具、絵本、打楽器など、クラスのものだけでなく、園のものをリストアップしておき、それらを生かして用いる。 子どもの生活の欄に排せつ、手洗いの記入がないが3歳未満児の場合、生活習慣の自立へ向けて、反復して行なうことが大切であり、楽しく行なえるように配慮したいものです。 新入園児のためには、そして途中入園児のためにも春のプログラムで特に留意したいのは、早朝の受け入れのときや遅く降園する子どもが複数の保育者の世話を受けることへの配慮が必要なことです。	○薬については十分知ったうえで使用する。 ○救急箱の中を絶えず点検し、薬などの期限切れチェックや補充をしておく。 ○ケガ（園内の）の記録をし、遊び・運動のときの援助指導の参考にする。 ○シャワーを使うときは湯の温度に注意する。

一日の保育の流れ

時間	子どもの生活	保育者の養護・援助活動	備　考
11：30	食　事	○子どもの喜びそうな献立を考え、食べやすい工夫をする。 ○保育者もいっしょに食事をし、正しい食事習慣が身につくように援助する。（楽しい雰囲気をつくり） ○食べ物について知らせたり、言葉をかけたり援助しながら給食を食べることに慣れさせる。　○食後、うがいや歯みがきをして口内 ○食事量を個人差に応じて配膳する。の清潔に注意する。（おやつの後も） ○偏食を少しずつなくしていけるよう、味に慣れさせたり、ほめたり、励ましたりする。○食事の後の休息をさせる工夫をする。	テーブルかけやランチョンマットなどを使ったり、時には園庭の木陰で食べるなどして楽しく食事ができるようにする。 食事がすんだ人から園庭で遊ばせ、休息をさせないことが見受けられるので注意したいものです。 子どもがまだ食事をしているのに掃除を始めたり、昼寝の用意をするようすも見られるが、注意したいものです。
13：00	昼　寝	○子守歌をうたったり、おんぶや抱っこ、添い寝などをし、安定して眠らせる。○入園当初、昼寝を嫌がることがあるが無理強いしない。 ○昼寝のようすを見守り、布団や衣服の調節、室温に気を配り、快適に眠れるよう配慮する。 ○目覚めた子には優しく声をかけ、着替えを手伝い、静かな遊びに誘う。 ○排せつや着替えを手伝ったり、見守ったりしながら、体調を把握し、異常のあるときは適切に対応する。 ○食事の前後のあいさつを保育者がするのを見て楽しく模倣する。 ○パジャマに着替え、脱いだものを決められた所に置くように仕向ける。	○昼寝のあいだ、玩具などを日光に当てる。 ○昼寝の布団を干す。 ○おねしょで汚した布団を始末し、きちんと清潔に保つ。 ○室温、温度に注意し、冷房、扇風機の使用について申し合わせをしておく。

時間	子どもの生活	保育者の養護・援助活動	備　考
15:30	おやつ	○顔・手足を清潔にし、汚れていれば着替えもさせ、身支度を整えて迎えを待つ。 ○楽しい雰囲気の中で食べられるようにする。 ○食べた後、清潔にする習慣を身につけられる援助をする。	○延長担当保育者との連絡を取り合い、保護者に伝えてほしいことを伝達しておく。
16:30	降　園 順次降園 延長保育	○一日の園でのようすを伝えながら、確認したうえで保護者に渡す。 ○友達の帰るのを見て寂しがる子には十分スキンシップをし、安定できるように接する。 ○保育者が交替するので不安定にならないように配慮する。	○保護者からの連絡を受け、早朝担当や担任へ伝達する。
	遊　び	○家庭的な雰囲気の中で子どもたちの遊びを見守っていく。 ○保育時間が長くなっているので、遊びの内容を十分配慮し、ケガのないよう安全面の注意を十分行なう。 ○発達に応じた手助けを心がける。	
17:30 19:00	おやつ 降　園 順次降園	○楽しい雰囲気を大切にして、無理強いしないで食べられる配慮をする。 ○気持ちを安定させながらお迎えが待てるようにする。 迎えが見えてから身支度や持ち物の整理をするなどで急がせたり、保護者をイライラさせないようにしたいものです。 ○明日への期待を持たせ、サヨナラを言う。 ○保育室の整理・整頓をする。 保育者も子どもも疲れている時間として心をひきしめるためにも大切な文と言えます。	○遅く降園する子どもたちが過ごす部屋に集まることが多いが、その環境のあり方を考える。混合保育のことにも配慮する。 ○迎えに来る人が代わるときは必ず前もって連絡をしてもらう。連絡のないときは子どもを引き渡さない旨を徹底しておく。

一日の保育の流れ

ひとりひとりの発達を押さえた保育ができるための記入例です。

時間	子どもの生活	保育者の養護・援助活動	備考
8：00 8：30	登園 　早朝 　受け入れ 　順次登園 遊び うがい 手洗い 排せつ （手洗い）	○あいさつをしながらひとりひとりの子どもを受け止め、その子に合った対応をする。　○朝の健康観察をする。 ○甘えたい気持ちを受け入れながら手助けしたり、見守ったりしながらゆとりを持って対応する。　自分の持ち物を決められた所に置くことができるようにする。 ○鼻水が出たらそのつど声をかけ、かむように習慣づけをしていく。 ○鼻をかむときの要領をわからせながら援助する。 ○天候、健康状態を考慮しながらできるだけ戸外での遊びに誘う。 ○寒いときは動きにくいので、事故が起きないように十分注意して遊べるように見守る。 ○好きな遊びや友達との遊びが楽しめるよう見守ったり、保育者が仲立ちとなって遊べるようにする。 ○戸外から帰ったら、うがい、手洗いをするよう言葉をかけ、保育者もいっしょにしながら習慣づけていく。　促されてトイレに行き、排せつすることができるようにする。 ○うがい用のコップや手洗い後使うタオルなどの清潔に留意する。また、屋外の施設、設備、固定遊具などが凍っていたり、濡れていることがないようにする。 地域の実態を十分に理解した立案にしたいものです。	○早番など、担当以外の保育者が受け止めるので必要な連絡を確実に伝える手立てを決めておく。 （連絡カード） ○保護者とも明るくあいさつを交わし、安心して勤めに出られるように送り出す。 手を洗う、食事をする、衣服を脱ぐなど何でも自分でしようとする。未熟だがある程度まかせられる。そんな姿がよく見られるころですね。

時間	子どもの生活	保育者の養護・援助活動	備　　考
10:00	おやつ	○季節の果物やおなかにやさしい食べ物を選んで食べさせる。	
	遊び	○天候や室内外の気温差を考え、衣服の調節に心がけて遊べる援助をしていく。	
		○危険な遊び方をしないよう見守り、ハサミなどは遊びの中で使い方を知らせていく。また、子どもの行動範囲に注意する。	
		○けんかが起きたとき、ある程度は必要な経験として見守り、相手も欲しがっている、痛いから泣いているなど、相手の気持ちを徐々にわからせていくようにする。	「自分で」「ひとりで」と主張し、思うようにならないとすねたり、かんしゃくを起こす。トラブルの場面でも互いにゆずることをしない。そんな姿が見える時期です。
	うがい ＝ 戸外から帰ったときのうがいと食事、おやつの後のうがいの違いがわかるようになってくる。保育者がお手本となるように実行する。	○散歩を通して、周辺の生活のようすや秋、冬の自然に関心を持たせるようなことばがけをし、興味を持たせていく。	
		○玩具などの取り合いによるトラブルも多くなるが、交替して使う、交換し合うなど、わかり始めている。双方の子どもの気持ちを理解して解決への方法をさぐる。	○けんかの場面を「言葉」を使う機会として生かすようにする。 信頼していて好きな保育者には素直に聞こうとする姿もあるでしょう。
		○両方ともに言葉を使わせる機会としてこの場面を生かす。「貸して」「いやだ」「どうぞ」「ありがとう」などなど…。「いやだ」と言われたときの援助の仕方を考える。	
		○「これなあに？」の質問が聞かれ興味や関心が強くなってきていることがわかる。	
		○知りたい欲求もだが、保育者との話のやりとりを楽しむための言葉でもあるので、大切に受け止めたいものです。	
		○雪や氷への関心や興味をさえぎらないようにする。	

一日の保育の流れ

時間	子どもの生活	保育者の養護・援助活動	備考
11:30	食事 排せつ 手洗い うがい 歯磨き	○長袖の服を着ている子には、手洗いのとき腕まくりをするように言葉をかけ、援助する。 ○嫌いなものが少しでも食べられたらほめ、食べようとする気持ちを持たせていく。 ○食べる意欲を損なわないように、個々に対応していく。 ○個人差を考慮して無理のないように、箸の持ち方を知らせる。 ○食事の後の休憩をさせる。	遊び・食事・昼寝の場がそれぞれにあれば、子どもをせかさないですむことが、すべて同じ保育室ですませなければならないというところに問題があるとも考えられます。何か工夫をしていきたいところです。プログラムを進めなくてはいけないので子どもひとりひとりにゆったりとかかわる余裕を失っていることが多いようです。食事の後かたづけ、清掃、昼寝の準備などで食後の休息どころでなく、園庭に出されることもよくあるので一考を要すのでは。
13:00	昼寝	○快適に眠れるように室温の調節に留意する。 ○自分でパジャマに着替えたり、脱いだ衣服をたためるように援助していく。 ○寒くなり、排尿間隔が短くなった子に対しては水分量を加減したり、寝る前に必ずトイレに連れて行く。 ○眠れない子には保育者がそばにいて気持ちを落ち着かせて眠れるようにする。 ○起きたら早めに着替えるよう援助する。 ○リズミカルな言葉や歌をうたって背中や腕などを乾布摩擦してやる。友達ともこすりっこを楽しむ。	

時間	子どもの生活	保育者の養護・援助活動	備考
15：30	おやつ うがい	○温かいものや子どもの喜びそうな献立を考えて出す。 ○食べた後のかたづけは保育者といっしょにする。	
16：30	降　園 順次降園 延長保育 遊　び 手洗い	○個々の子どもの持ち物をそろえ、連絡事項の確認をしておく。 ○身支度を整え、迎えが来てからバタバタしないように注意する。 ○落ち着いて集中できるような遊びに誘う。 ○延長保育を受ける人数で保育形態も保育室もいろいろだが、乳児が落ち着いて遊べる場を考えること。 ○夕方は寒くなってくるので室温調節や衣服の調節をし、風邪をひかないように遊ばせる。 ○遊びたい気持ちを十分満たし、適当なときに遊びを終えるように仕向けていく。 ○進んでかたづけを手伝う。	○延長担当保育者との連絡を取り合い、保護者に伝えてほしいことを伝達しておく。 ○保護者からの連絡を受け、早朝担当や担任へ伝達する。
17：30	おやつ うがい	○夕食前なので量の調節をしたり、消化の良い物を出し、楽しく食べられるようにする。	
19：00	降　園 順次降園	○降園前に不愉快な思いをさせないで、機嫌良く帰宅できるようにサヨナラをする。 ○保育室の整理整頓をする。 自分は今日一日十分に楽しんだ。そして次の日も保育所に行きたいといった心を持たせるために、各自で工夫する箇所と言えます。	○迎えの人を確認する。

排せつ
手洗い

日誌・日々の記録

3歳未満児 その他の記録・参考例

	在籍	出席	欠席		4 月 6 日 （月） 天候 晴れ　担当
男	6	6		記録・家庭連絡	・入園式。 ・入園式終了後、S君、平常保育。 ・ゆったりした雰囲気で保育者と1対1でスキンシップを楽しむ。 ・新入園児及び保護者に対しては、安心できる関係を築くためにも、明るくあいさつを交わし迎える。継続児S君に対しては、いつもと違うお部屋のようすを察しているようだったので、情緒の安定を保つよう、スキンシップを図りながら保育にあたった。
女	0	0			
計	6	6			
欠席者氏名・理由					

	在籍	出席	欠席		4 月 7 日 （火） 天候 雨　担当
男	6	6		記録・家庭連絡	・ならし保育（S君を除く）。 ・お迎え時間を次回授乳時、もしくは離乳食時間の前、約10時～11時ごろまでにと保護者に連絡を取っていたが、全員10～20分遅れでお迎えに来られた。人見知り、場所不安に加え、授乳時、睡眠時間のズレによって、お帰り間際には全員がエーンエーンと泣き、大合唱。N君（7か月）は人見知りもさほどなく、腹這いでよく遊ぶ。S君は初め調子よくひとり遊び、そのうち保育者の相手を見つけては訴えるように泣く。 ・新入園児に手がとられ、ついS君の受容が後まわしになってしまった結果と思われる。保育者間の連携がうまくいっていなかったと反省。
女	0	0			
計	6	6			
欠席者氏名・理由					

	在籍	出席	欠席		4 月 8 日 （水） 天候 晴れ　担当
男	6	6		記録・家庭連絡	・ならし保育（S君を除く）。 ・お迎えの時間は本日も11時ごろ。Iさんは都合で11時45分に来られた。登園時に各々の生活リズムを十分把握し、個々の欲求に適切に応じられるようにする。そのかいあってか、降園までの生活が少しずつ落ち着いてきている。T君、M君は保育者に抱っこを訴え、抱くと泣きやむ。そこで乳母車に乗せ、庭を散歩したり、抱いて園庭散歩を順次していると、次々に眠り始め、T君、S君を除く新入園児は20～30分眠った。H君、N君はとても機嫌よく、H君はお迎えが遅いこともあり、ミルクと離乳食を少し食べる（抱っこで）。S君はイスに座って食事をした。
女	0	0			
計	6	6			
欠席者氏名・理由					

子どもの姿だけにとどまらず、保育において、このような問いかけを大切にした、こういう働きかけをしたなど具体的にどうしたかを記入するよう心がけたいものです。なお、以下の4種の記録例は、本書の年・月の指導計画とは別のものになっています。例として参考にしてください。

こういった言葉づかいは避けたほうが良いでしょう。
トル

4 月 9 日 （木）			天候　晴れのちくもり		担当
	在籍	出席	欠席	記録・家庭連絡	・T君は本日から離乳食を保育室で食べる。とても機嫌良くイスに座り、スプーンで食事。H君、N君も離乳食を食べる（お迎え時間の都合による）。この2人は足しミルクを嫌がるのでミルクは少々にとどめる。 ・M君は午前睡眠後、とても機嫌良く食事中のテーブルに手を伸ばしてきたり、たいへん活発に動き回る（お母さんのお迎えで安定していたのかもしれないが）。そこで明日からM君も離乳食を食べてみることを保護者と相談する。個々が興味をもった物や、情緒の安定につながる接し方などの把握につとめ、担任間で情報交換をしながら生活しているので、機嫌のよい時間が増えてきているように感じる。
男	6	6	0		
女	0	0	0		
計	6	6	0		
欠席者氏名・理由					

4 月 10 日 （金）			天候　くもりのち晴れ		担当
	在籍	出席	欠席	記録・家庭連絡	・T君（1時迎え）、M君（12時）、N君（1時）、H君（1時）、K君（12時）、それぞれ保育時間が延びる。人見知り、場所不安の強いT君、M君も幾分なれてきたようで、T君は興味の引くものを見つければしばらく遊べるし、その後も愛着行動を満足させ、抱っこすると機嫌がなおる。M君も登園後すぐ1回寝し、その後機嫌良く遊んでいる（ベッドの中のほうが落ち着いている）。T君は食事中にお迎えに来る保護者に気をとられ、かなり落ち着かないようすで食事が終わるとすぐ眠りにつき、熟睡する。 ・降園時の保護者入退室の際には、それに対応する保育者と、他の子どもについて安定を欠くことのないよう配慮する保育者との分担が必要。
男	6	6	0		
女	0	0	0		
計	6	6	0		
欠席者氏名・理由					

4 月 11 日 （土）			天候　くもり		担当
	在籍	出席	欠席	記録・家庭連絡	・T君、M君は園庭で砂いじりをして遊び、この2人は保育室の中でも（前日に比べて）探索活動し始める。S君、K君は哺乳ビンの乳首を嫌がり、解凍母乳を無駄にしてしまった。H君は機嫌良くひとり遊び・腹這い・お座りから、腹這い・つかまり立ちなどで喜んでいるが、少し欲求が足りないようにも思う。外界への興味や欲求を一層満足させるため、優しい呼びかけや歌や音楽に合わせたスキンシップのある遊びをたくさん盛りこんで生活できるようにする環境づくりを早急に話し合う。 ・食事用乳児イス納品される。カバーを作ってもらうよう用務の先生にお願いする。 （※砂いじりの後、着替えをしっかりさせてください。頭の中に砂が残っていることがあります。共通連絡事項）
男	6	5	1		
女	0	0	0		
計	6	5	1		
欠席者氏名・理由					

3歳未満児
その他の記録・参考例

週の個別記録（S君・4月第2週）

目標	新しいお友達と新しい保育者になれる。		
日	6日（月）	7日（火）	8日（水）
健康	36.8℃	36.7℃	36.8℃
生活	AM 7時 - 8 - 9 50 登園 　　　05 オムツかえ - 10 45 オムツかえ 　　15 ねんね - 11 50 オムツかえ - 12 ㊟ 　　35 オムツかえ 　　　　　おかゆ 70g 　　　　　マカロニサラダ30g 　　　　　ハム 　　　　　わかめみそ汁 50g - 1 55 　　たしミルク 100cc 　　ねんね 　　　　　番茶 10cc 　　15 - 3 50 オムツかえ 　　　　　リンゴのすりおろし60g 　　　　　ミルク 180cc - 4 40 オムツかえ - 5 45 オムツかえ - 6 45 降園	AM 7時 - 8 - 9 50 登園 　　　　オムツかえ - 10 - 11 50 オムツかえ 　　20 ㊟ - 12 00 　　　　　おかゆ 80g 　　　　　ポトフ 40g 　　　　　キュウリキャベツ 20g 　　　オムツかえ 　　　　　ミルク 100cc - 1 - 2 35 オムツかえ - 3 05 おやつ 　　　　　ビスケット 2枚 　　　　　（牛乳少々） - 4 25 ねんね 　　　　　ミルク 180cc - 5 　　30 降園 - 6	AM 7時 - 8 - 9 40 登園 - 10 50 オムツかえ - 11 45 オムツかえ 　　50 　　　　　おかゆ 70g - 12 30 ㊟ 　　　　　けんちん汁 60g 　　ねんね 　　　　　ホウレン草 20g - 1 　　　　　番茶 少々 　　　　　ミルク 100cc - 2 - 3 30 オムツかえ 　　　　おやつ 　　　　　ポテト牛乳のばし30g - 4 50 オムツかえ 　　　　　ミルク 180cc - 5 55 オムツかえ 　　45 降園 - 6
食事	食事は全部たいらげる。食欲旺盛。おやつのリンゴのすりおろしをもっと欲しいと泣く。	途中で寝てしまったが、足しミルクを口元へ持っていくと全量飲んだ。おやつはイスに座り、ビスケットを手に持って1枚分食べた。もっと欲しそう。じょうずに口へ運ぶ。	イスに座って食事をする。足しミルクをもっと欲しそうにする。全量。
遊びなど	赤ちゃん体操をすると、たいへん喜ぶ。また、おいでおいでをすると腹這いで360°方向転換できるようになったので、保育者の姿を探し、向きを変える。目標物（ミルク）を目がけて30cmぐらい前進する。ミルクが手に触れたとき、とてもうれしそうに笑う。お座りで3分ぐらい座ることができる。そばに来て欲しいと泣いて訴える。	新しい友達の中に入って、最初はゆうゆうと腹ばいで遊んでいたが、みんなの泣き声とともに、保育者に相手をしてもらっていても泣き出す。しかし、呼びかけを喜び、機嫌がなおる。おいでおいでと位置を少しずつ遠くに移動すると、バタフライのような格好で前進し、目的物を目指す。	赤ちゃん体操をいろいろ組み合わせ、毎日継続しているためか、両手をつっぱり、上体をグンとそらして前進する。力強さが増してきた。喃語が増えてきたので保育者の受け答え、語りかけを喜んでいる。わざと瞬時黙っていると、「アーアー」と自分から呼びかけてくる。喃語にはつとめて応じ、わかりやすく明確な言葉で接する。

トル

子どもの姿だけでなく、具体的な保育の方法をどうしたかを記入するよう心がけましょう。

目標			
日	9日（木）	10日（金）	11日（土）
健康	36.7℃	36.1℃	
生活	AM 7時 8 9　50 登園 　　00 オムツかえ 10 11　50 オムツかえ 　　食 12　30 　　ねんね 1 2　50 オムツかえ 3　00 オムツかえ 　　　おやつ 4　50 オムツかえ 5　50 オムツかえ 　　　降園 6 （おかゆ 70g／スパゲティー 40g／玉子スープ 60g／番茶 少々／ミルク 100cc） （わらびもち 50g／ミルク 180cc）	AM 7時 8 9　40 登園 　　10 オムツかえ 10　10 オムツかえ 11　食 12　00 　　ねんね 1 2 3　10 オムツかえ 4　20 おやつ 5　　 オムツかえ 6　45 降園 （おかゆ 60g／ホウレン草 20g／ニンジン 20g／厚揚げきざみ 30g／ふ入りみそ汁 30g／ミルク 100cc） （ハッサク 2袋／ミルク 180cc）	休園日
食事	全量。 モグモグとじょうずに口を動かしている。スプーンを持ちたがる。わらびもち（全量）。	全量。 ブーブーと吹き出す。 ハッサクは少量ずつモグモグ。	
遊びなど	腹ばいで「おいでおいで」をする保育者のところへ来る。ほめて名前を呼ぶととてもうれしそうに笑い、喃語で応える。お友達が持っているガラガラを横取りするかのようにハイハイで取りにくる。保育者が仲立ちとなりながら、「チョーダイ」「どうぞ」と言葉をかけ、他児ともかかわっていくようにする。	哺乳ビンを自分で持とうとする意欲が見られる。しばらくのあいだ自分で持っていられる（3分ぐらい）。腹ばいでベランダのほうへ行っては砂を触ろうとする。腹這いでの移動がスムーズになってきたので、探索活動が日増しに活発になってきた。安全をはかりながら興味をほかへそらしたり、気分を変えて満足できるようにする。	

離乳食献立表（8月第3週）

3歳未満児 その他の記録・参考例
食事の記録

		10日（月）	11日（火）	12日（水）
Y君	ゴックン期（ペースト状）	・おかゆ（つぶし） ・キュウリ（すりおろし） ・ジャガイモ（ペースト）	・おかゆ ・カボチャ（つぶし）	・おかゆ ・ニンジン（ペースト） ・豆腐（1さじ〜）
		果汁	果汁	果汁
K君	ゴックン期〜モグモグ期	・ポトフ（味付けなし） （豚肉スープ、ニンジン、ジャガイモ、タマネギ） ・キュウリ・ニンジン、みじん切り ・ニンジンスティック（ゆがき）のかたゆで ・おかゆ	・うの花（だし汁あんかけとじ） ・ニンジンスティック（ゆがき）かたゆで ・カボチャ ・おかゆ	・豆腐（煮）〔潰さずにスプーンで〕 ・ニンジン（半つぶし） ・キュウリ（みじん切り） ・おかゆ
		リンゴ煮（1/4）	バナナ（みじんぎり）	パンがゆ（スープ煮）
N君	カミカミ期	・クリームシチュー （豚肉・ニンジン・ジャガイモ・タマネギ・小麦粉・バター） ・ツナサラダ（キュウリ・ニンジン） ・一口おにぎり	・うの花のあんかけどんぶり （おから・ニンジン・ゴボウ・油あげ・こんにゃく・ごはん） ・みそ汁（カボチャ・ごま油）	・マカロニサラダ （マカロニ・ニンジン・キュウリ・ハム） ・みそ汁（豆腐・ネギ） ・一口おにぎり
		牛乳100cc　にゅうめん	牛乳100cc　バナナ	牛乳100cc　わらびもち
S君	完成期	・クリームシチュー （豚肉・ニンジン・ジャガイモ・タマネギ・小麦粉・バター） ・ツナサラダ（キュウリ・ニンジン） ・一口おにぎり	・うの花のあんかけどんぶり （おから・ニンジン・ゴボウ・油あげ・こんにゃく・ごはん） ・みそ汁（カボチャ・ごま油）	・マカロニサラダ （マカロニ・ニンジン・キュウリ・ハム） ・みそ汁（豆腐・ネギ） ・一口おにぎり
		牛乳100cc　にゅうめん	牛乳100cc　バナナ	牛乳100cc　わらびもち
M君	完成期	・クリームシチュー （豚肉・ニンジン・ジャガイモ・タマネギ・小麦粉・バター） ・ツナサラダ（キュウリ・ニンジン） ・一口おにぎり	・うの花のあんかけどんぶり （おから・ニンジン・ゴボウ・油あげ・こんにゃく・ごはん） ・みそ汁（カボチャ・ごま油）	・マカロニサラダ （マカロニ・ニンジン・キュウリ・ハム） ・みそ汁（豆腐・ネギ） ・一口おにぎり
		牛乳100cc　にゅうめん	牛乳100cc　バナナ	牛乳100cc　わらびもち

ご家庭でも「いだきます」「ごちそうさまでした」のあいさつをし、スプーンやコップを自分で扱うことに慣れさせましょう。そして家族揃った食卓で、楽しいひとときをお過ごしください。

このような一文とともに保護者に配布してもよいでしょう。

13日（木）	留　意　点
・おかゆ ・ジャガイモ（ペースト） ・豆腐（1さじ〜）	★授乳の間隔を規則正しくしましょう ・回数を多く与えたり、1日中ダラダラ乳を飲ませていると胃が休まらず、胃腸を悪くします。また空腹感がなかなかあらわれなくなり、生活のリズムが決まらなくなります。 ・今週からタンパク質を取り入れてみました。今は食品そのものの味を覚えるように進めていきます。便や湿疹、体調の変化に注意してください。
果　汁	
・ポトフ（味付けなし） 　（ニンジン、タマネギ、ジャガイモ） ・キャベツ（煮）みじん切り 　（ジャコ入り） ・おかゆ	★モグモグトレーニング期に入りました ・自分から食べ物に手を出すようになって、スプーンなど持ちたがるころです。手で持てるものを用意し、手づかみをしっかりさせてあげてください。また、食品をさらに広げるとともに、複合された味も知らせていきましょう。そして、クリーム状のものから、やや形のある柔らかいものを与えていきます。 （味付け・牛乳加入・全卵は9月ごろ満8か月以降から行なう）
リンゴ煮（1/4）	
・ポトフ（シメジ・エノキ・ニンジン・タマネギ・ジャガイモ） ・サラダ(キュウリ・ニンジン・キャベツ・サラダ油、酢、塩分) ・一口おにぎり	★歯ぐきでカミカミのリズムがついてきました ・この時期は嫌なものを口から出すようになるので、形や固さに注意し、ドロドロチャグチャはやめましょう。また自分で選ぶことをするようにもなるので盛り付けにも気を配り、手づかみできるようにし、家庭でも園でもしっかりと両手を使って食べられるようにします。コップをじょうずにひとりで持ってお茶を飲むこともできています。この意欲を持続させてあげましょう。
牛乳 100cc　フルーツポンチ	
・ポトフ（シメジ・エノキ・ニンジン・タマネギ・ジャガイモ） ・サラダ（キュウリ・ニンジン・キャベツ・酢・塩分・サラダ油） ・一口おにぎり	★歯ぐきを使ってじょうずに噛むリズムがとれています ・「マンマ」と指さして要求し、イスに座ると食事とわかり、とても喜びます。自分で食べたいものを選び、嫌なものを口から出してしまうころですが、舌ざわりのよいように、固さやなめらかさ、水分の量に気をつけ、バランスの良い食事を心がけましょう。口から出してイヤイヤをしても、"がんばろうね"と意欲が持てるように励ましてあげましょう。
牛乳 100cc　フルーツポンチ	
・ポトフ（シメジ・エノキ・ニンジン・タマネギ・ジャガイモ） ・サラダ（キュウリ・ニンジン・キャベツ・酢・塩分・サラダ油） ・一口おにぎり	★カチカチ歯食べ期(13〜15か月)に入りました ・何でも食べられるようになってきましたが、早くも好き嫌いが出てきています。食事に対する集中力は短く、20分ぐらいです。食事中嫌いなものを口から出しても"がんばって食べようね"と励ます姿勢は必要ですが、食事に飽きて意欲のない状態を続けないように注意し、食器や食べ物で遊び始めたら食事を終えましょう。
牛乳 100cc　フルーツポンチ	

執筆者一覧

◆ **編著者**

元・名古屋柳城短期大学教授
元・東海学園大学特任教授
岐阜県・誠和幼稚園園長

飯田　和也

元・華頂短期大学非常勤講師
元・龍谷大学短期大学非常勤講師
元・吉田山保育園園長

塩野　マリ

● **執筆協力者**

京都府亀岡市・社会福祉法人愛嶺福祉会
太田保育園・園長　**鈴木格夫**

保育士　**安井麻喜**

元・保育士　**和波玖美子**

同朋大学社会福祉学部社会福祉学科科長
こども学専攻専任講師
平野仁美

〈STAFF〉
● 本文レイアウト／クマ造形(株)、太田吉子　● 本文イラスト／コダイラ ヒロミ
● 企画・編集／安藤憲志、成清洋子、安部鷹彦　● 校正／堀田浩之

※本書は、1999年発行『指導計画立案ノート 2歳児の指導計画』に加除し、訂正を加え、縮小版にしたものです。

本書のコピー、スキャン、デジタル化等の無断複製は著作権法上での例外を除き禁じられています。本書を代行業者等の第三者に依頼してスキャンやデジタル化することは、たとえ個人や家庭内の利用であっても著作権法上認められておりません。

朱書きでわかる！
2歳児の指導計画
ハンドブック

2015年3月　初版発行

編著者　飯田和也・塩野マリ
発行人　岡本　功
発行所　ひかりのくに株式会社
　　〒543-0001　大阪市天王寺区上本町3-2-14　郵便振替 00920-2-118855　TEL.06-6768-1155
　　〒175-0082　東京都板橋区高島平6-1-1　郵便振替 00150-0-30666　TEL.03-3979-3112
　　ホームページアドレス　http://www.hikarinokuni.co.jp
印刷所　図書印刷株式会社

©2015　乱丁、落丁はお取り替えいたします。

Printed in Japan
ISBN978-4-564-60867-4
NDC376　64P　19×15cm